하늘 아래
첫 동네

하늘 아래 첫 동네

초판 1쇄 인쇄 · 2015년 11월 16일
초판 1쇄 발행 · 2015년 11월 21일

지은이 · 이대영
펴낸이 · 김명호
펴낸곳 · 도서출판 머니플러스
편 집 · 장운갑
디자인 · 이종헌
마케팅 · 김미용, 이종호, 한성호
관 리 · 김민정, 최상현

주 소 · 서울시 은평구 은평로 11길 12-11 2층
전 화 · 02-352-3272 | 02-387-4241
팩 스 · 02-352-3273
이메일 · pullm63@empal.com
등록번호 · 제311-2004-00002호

잘못된 책은 구입하신 서점에서 교환해 드립니다.
ISBN 978-89-91113-92-3 (03810)

하늘아래 첫 동네

이대영 지음

MP 머니플러스

| 작가의 말 |

사라진 마을, 사라진 사람들을 찾아서

하늘 아래 첫 동네인 웃천막의 자취를 찾아서 산길을 오르는 입구에는 길게 철조망이 쳐져 있었습니다. 붉은 팻말에 흰 글씨로 '산불조심'이라는 표지가 눈에 들어왔습니다. 그 철조망 사이로 좁은 길이 산 위로 나 있었는데, 길을 다듬어 놓은 모양새로 봐서 등산객을 위한 길이라는 것을 알 수 있었습니다.

산으로 올라가는 길은 매우 좁아져 있었습니다. 어릴 적 마음 놓고 뛰어다니던 길이 이제는 조심해서 걷지 않으면 안 되는 생소한 길이 되고 말았습니다. 길 주위에는 나무들이 빽빽하게 높이 자라나 있었는데, 웃천막이 철거되고 나서 사람들은 그곳에 나무를 심었습니다. 그 덕분인지 산은 어느새 푸른 나무들로 꽉 차서 본래의 산의 모습으로 돌아가 있었습니다.

올라가는 입구 계단 옆에 오래된 물탱크가 눈에 들어왔습니다. 시커멓게 때가 끼고 이끼가 잔뜩 덮인 물탱크는 참 작아 보였습니다. 어릴 적 친구들과 그 위에서 놀 때에는 평퍼짐한 게 참 넓었는데, 다시 봐도 그때 그

물탱크가 틀림없었습니다. 사람들이 모두 떠난 뒤 사용하지 않는 물탱크는 덩그러니 혼자 거기에 남아 있었습니다.

산동네 입구에 들어서니 그곳은 이미 시민생활체육공원으로 바뀌어져 있었고 그곳은 휴일을 맞아 테니스를 치며 운동하는 사람들이 차지하고 있었습니다. 사람들은 운동을 하다가 나를 발견하고는 잠시 멈추는 듯했지만, 이내 별일 없다는 듯이 다시 열심히 네트 위로 공을 넘기기가 바빴습니다.

나는 어릴 적 그러했던 것처럼 바위 뒤에 서서 물끄러미 동네를 쳐다보았습니다. 나는 머릿속으로 웃천막의 모습을 그려 보았습니다. 테니스장 뒤쪽 끄트머리가 공중화장실이 있던 자리고, 바로 그 위가 잔칫날 할머니가 장구를 치시면서 덩실덩실 춤을 추시던 집이 있었고, 그리고 친구 호야 집이 있었고, 그리고 우리 집이 거기에 있었습니다. 어머니께서 추운 겨울 엄동설한에 나를 낳았던 그 집 말입니다. 겨울바람에 문풍지가 부웅 하고 떨던 그 집 말입니다.

내 눈에는 사람들이 다시 움직이고 있었습니다. 동네 아이들이 우르르 떼를 지어 몰려다니고, 그 아이들 뒤를 황구가 컹컹 짖으며 꼬리를 흔들며 뒤쫓아 가는 모습이 보였습니다. 물동이를 머리에 이고 우물물을 길어 오는 동네 누나가 보였고, 빨래터에서 아줌마들이 빨래하는 모습이 보였습니다. 손만 뻗으면 잡힐 것 같은 모습으로 그들은 나를 바라보고 있었습니다.

한참을 그렇게 있다가 산을 내려오던 길에 무심코 나무작대기로 땅을 후벼 파니 그때 아이들 중에 누군가가 신고 다녔을 운동화 한 짝이 걸려 올라왔습니다. 내친 김에 평평한 땅 한쪽에 길게 선을 긋고 작고 반듯한 돌들을 세워 놓고 혼자 비석치기를 했습니다. 그러나 그때 기분은 나지 않았습니다. 친구도 없고 아이들도 없는 비석치기는 억척에 가까웠습니다. 내가 술래가 되고, 내가 주인이 되어도 아무도 말하는 사람이 없었습니다. 거기에는 나 혼자밖에 없었습니다.

   마침 약수터에서 약수를 길어서 내려오는 어른을 보고 여기가 옛날에 산동네가 있던 자리라고 이야기를 해보지만, 그는 아무 반응 없이 서둘러 그냥 산길을 내려갈 뿐이었습니다. 허망함이란 이런 것인가 하는 생각이 들었습니다. 그 역시 나 혼자 하는 투정에 불과했습니다. 산바람이 쏴아 하고 불자 나뭇잎들이 우수수 하는 소리를 내며 떨어졌습니다. 나는 그 광경을 쳐다보며 상념에 잠겼습니다.

   나는 하늘 아래 첫 동네인 웃천막에서 태어나고 자랐습니다. 언젠가는 사라질 기억이라 놓치고 싶지 않은 마음에 기억의 시간을 거슬러 《하늘 아래 첫 동네》를 썼습니다. 그러나 아쉽게도 이미 많은 기억들이 사라져 버렸습니다. 그래서 어른들을 인터뷰하고 부산근대역사관, 40계단문화관, 이바구공작소, 동구도서관 등을 찾아다니며 사진을 찍으며 그 모습을 찾으려고 노력했습니다.

   그때의 어르신들 중에는 이미 많은 분들이 고인이 되셨습니다. 그러나 그 가운데에도 생존해 계시는 분들은 나에게 생생한 증언을 들려주셨습니다. 그리고 세월은 흘렀지만 그분들은 여전히 아저씨와 아주머니로, 삼촌과 형으로, 그리고 동생으로 내 기억 속에 살아 있었습니다. 그들은 지금이라도 당장 환하게 웃으면서 나타날 것만 같았습니다.

《하늘 아래 첫 동네》는 웃천막이 형성되던 때부터 시작해서 철거 때까지의 이야기들을 담았습니다. 웃천막은 피난민 동네였고, 가난한 동네였습니다. 사람들은 산동네로 강제로 옮겨졌고, 제 몸 하나 누일 곳을 찾던 사람들은 산으로 몰려들었습니다. 아침이면 산에서 내려왔고, 저녁이면 다시 산으로 올라갔습니다. 그들은 '어떻게 살까?'가 아니라, '어떻게 하면 살아 날 수 있을까?' 하는 생각밖에 없었습니다. 그들에게는 일 년의 삶이 아니라, 하루의 삶에 대한 해결만이 유일한 관심거리였습니다. 마치 먹을 것을 찾아 쫓아다니는 들개처럼 보였습니다. 땅거미가 질 무렵 굴뚝에서 하얀 연기가 피어오르고 매캐한 연기가 온 동네를 휘감을 때에야 비로소 사람이 살고 있다는 것이 느껴졌습니다.

《하늘 아래 첫 동네》는 그 시대의 사람들과 같이 살았지만, 산동네 사람들이기에 겪었던 그들만의 이야기가 있습니다. 피난, 강제이주, 고단함, 생명, 싸움, 미움, 감동, 눈물, 생존, 자존심으로 엮인 그들의 인생 스토리는 우리에게 삶과 사랑과 정이 어떤 것인가를 알게 합니다. 삶이 팍팍하다고 말하는 우리에게 그들의 이야기는 우리의 삶을 돌아보게 만듭니다. 멀리 가난한 나라 사람들의 이야기를 듣지 않아도 꽤 잘사는 우리 모습을 발견하게 됩니다. 그들의 이야기를 듣는 것만으로도 메말라 있던 우리 감정을 회복시킬 것입니다. 사랑이 움트고, 꽃을 피우고 열매를 맺게 할 것입니다. 혹시라도 아이들이 볼까 봐 성적인 내용은 꺼내지는 못했지만, 그러나 이것만으로도 그 역할을 감당하기에 충분하다고 생각합니다.

바쁜 일에도 불구하고 출판을 위해 애써주신 머니플러스의 김미용 대표님과 밀려드는 원고 중에서도 본 원고를 세심하게 옥고로 만들어 주신 장운갑 주간님과 편집부원들, 그리고 모든 식구들에게 정성 모아서 감사의 마음을 전합니다. 그리고 여기까지 선히 인도하신 하나님께 감사와 영광을 돌립니다.

이제 그 시절 피난민촌 산동네 사람들이 어떻게 살았는지, 눈물과 사랑으로 듣는 산동네 피난민촌 사람들의 이야기를 먹먹한 가슴으로 풀어 봅니다.

2015년 가을
이대영

차례

|작가의 말| 사라진 마을, 사라진 사람들을 찾아서 _ 4

웃천막 _ 11
생명 _ 17
지게에 피는 꽃 _ 23
양어머니 _ 30
약장수 _ 35
새댁 아주머니 _ 41
미움을 벗고 사랑으로 _ 48
엄마 엄마, 우리 엄마 _ 56
인왕(仁王) _ 63
가난한 돈 _ 68
바람아, 바람아 _ 74
화차(貨車) _ 79
세숫대야에 담긴 밥 _ 85
새 식구 _ 91
수상한 아주머니 _ 97
똥장군 _ 101
부활한 병아리 _ 108
최 상사 아저씨 _ 115
재첩국 사이소 _ 121
황구 _ 127
부끄러움 없는 삶 _ 132

돈 이야기 _ 138
사랑으로 지은 옷 _ 144
나는 만화방이 좋더라 _ 149
두레박 _ 155
아빠 나라 엄마 나라 _ 162
바른생활 _ 168
벌거숭이 _ 174
어른이 되고 싶어요 _ 179
예비역(豫備役) _ 185
오월(五月)의 아이들 _ 191
김 씨 아저씨 _ 196
야반도주(夜半逃走) _ 203
부선(艀船)마을 _ 208
엄마의 행상 _ 214
사금쟁이 아저씨와 딱쇠 형들 _ 220
전쟁은 아직 끝나지 않았다 _ 226
어기여차 _ 231
만삭(滿朔) _ 237
마지막 봄 _ 244
이주(移駐), 다시 먼 곳으로 _ 252

웃천막

　웃천막은 처음부터 있던 동네 이름은 아니었다. 부산 수정동, 수정산水晶山 위에 세워진 웃천막은 집이 없는 사람들이 강제로 이주되어 살기 시작하면서 '웃천막'(정식 명칭은 '유민수용소')이라는 이름이 생기게 되었으며, 웃천막보다 조금 아래에는 '아래 천막'이라고 불리는 동네가 있었다. 아래 천막은 웃천막보다 먼저 있었던 동네로 집 모양이 갖추어진 동네로서 웃천막이 생기면서부터 웃천막과 구별하기 위하여 '아래 천막'이라고 부르게 되었다.

　당시 부산은 해방과 함께 고국으로 귀환한 많은 사람들이 밀려들었다. 그리고 몇 년 뒤에는 6.25 전쟁이 일어나면서 수많은 피난민들이 부산으로 몰려왔다. 해방 당시만 해도 28만 명이던 부산 인구는 이때 무려 140

만 명에 달하면서 부산은 그야말로 발 디딜 틈이 없이 사람들로 넘쳐났다. 사람들은 조그만 공간만 있으면 무조건 집을 지었다. 해변은 물론이고 부둣가, 역전, 산등성이, 심지어는 공동묘지 옆에까지 집을 지었으며, 나중에 가옥과 공유지에 대한 철거가 있었다.

부산시에서는 20만 명의 귀환 동포(당시 부산 인구의 1/4에 이르렀다.)와 40만 명이 넘는 피란민들이 시내와 외곽지역 40여 곳에 분산 수용되었지만, 수용소 시설은 고작 7만 명 정도밖에 되지 않았으며,[1] 나머지 피난민들은 고지대나 산등성이에 집을 짓고 살 수 밖에 없었다. 그리고 집이 없이 길거리에서 지내는 사람들은 강제로 웃천막과 같은 곳으로 이주되기도 하였다. 그래서 영도(1송도), 동래, 대신동(운동장 뒤편), 수정동(웃천막, 아래 천막) 등에 천막촌 동네가 생겼으며, 천막촌이 철거되기 전까지 사람들은 오랫동안 그곳을 떠나지 않았다.

처음 웃천막이 세워질 당시에 그곳에는 큰 국방색 천막이 세 동 세워졌었다. 그러다 점점 사람들이 늘어나자 다시 두 동(흰색)이 더 세워지게 되었다.

사람들은 천막생활을 했다. 여러 가정이 한 천막 안에서 구획을 나눠 칸막이를 치고 집으로 삼았다. 그리고 시간이 지나면서 천막이 오래되어

---

[1] http://www.ebagu.or.kr/ebagu/data/selectDataListFromTotal.ebagu
〈부산의 산복도로와 168계단〉

서 찢어지고 사람이 더 늘어나게 되자 사람들은 바깥에 집을 짓기 시작했다. 흙으로 벽돌을 만들어 담을 쌓고, 시장에서 주운 나무로 지붕을 얹거나 벽을 만들었다. 미군 부대에서 나온 종이에 콜타르를 바른 '루핑 종이'로 지붕을 이었으며, 깡통을 펴서 지붕을 올렸고, 비가 오면 그 위로 떨어지는 빗방울 소리 때문에 밤새도록 깡통 두드리는 요란한 소리를 들어야만 했다.

어느덧 나무와 숲으로 울창했던 수정산의 모습은 사라지고 대신 판잣집과 움막집의 모습밖에 보이지 않았다.

웃천막 사람들은 해가 뜨면 시내로 일을 하러 내려갔고, 해가 지면 다시 산으로 올라갔다. 직장이나 직업을 제대로 가지고 사는 사람은 없었다. 힘으로 하는 일이면 무엇이든지 해야만 했다. 남자들은 부두에서 짐을 날랐고, 더러는 역전이나 시장에서 지게를 졌으며, 여자들은 자갈치 시장이나 국제시장에서 장사를 했으며, 보따리 행상을 하기도 하였고, 젊은 아낙네들은 몇 시간이나 걸리는 거리를 걸어서 밭농사 일을 하며 품을 팔기도 하였다.

기관차에서 태우고 남은 '곡수'를 모아서 파는 사람도 있었다. 언제 사고가 날지 모르는 위험한 일이었지만 기관차를 피해 다니며 여름 한낮에 뜨거운 뙤약볕 아래에서 얼굴이 빨갛게 익도록 철로 주변을 돌아 다녀야만 했다.

신발공장이나, 고무공장, 풍선공장, 방직공장에서 일하는 사람들도 있었는데 그 당시 직장으로서는 꽤 안정적인 직장에 속했고, 그곳에 다니는 사람들은 주위 사람들에게 선망의 대상이 되기도 하였다.

대부분의 집에서는 가장이 식구들을 모두 먹여 살려야만 했다. 큰 수입을 기대할 수는 없었다. 하루 벌어서 하루 끼니를 때우는 것이 대부분이었다. 하루 일을 마치고 집으로 올라가는 사람들의 손에는 보리쌀 한 봉지와 새끼줄에 매단 연탄 한두 장이 마치 굴비를 꿴 것처럼 들려 있었다. 그것도 일이 있는 날에만 볼 수 있는 모습이었다. 일이 없어서 쉬는 날에는 온 식구가 온종일 굶어야만 했다.

먹을 수 있는 것도 변변치 않았다. 아무 양념 없이 그냥 소금만 넣고 끓인 국수를 먹기도 했고, 그것도 양을 많게 하기 위해 산에서 뜯어 온 산나물을 같이 넣고 끓여 먹었다. 고구마로 밥을 대신하기도 하였다. 구호품으로 나온 것을 팔아서 양식으로 바꾸기도 했다. 자갈치 시장에 가서 고기 대가리나 내장을 얻어다가 끓여 먹기도 했고, 어쩌다가 시장에서 얻어 온 비계가 가득 붙은 돼지고기를 먹은 날이면 밤새도록 공중 화장실을 들락거리며 설사를 하여 뜬 눈으로 밤을 지내야만 했다.

웃천막은 빈부 격차를 확연하게 보여주는 삶의 경계선이었다. 사람들은 돈을 모아서 아래 천막이나 시내로 내려가는 것이 꿈이었다. 시내에서 보면 너무 높아서 보이지 않고, 또 너무 깊숙이 산 안쪽에 위치해 있어서 웃천막은 보이지 않았다. 숨이 턱턱 막히도록 산을 오르다가 한숨 돌릴 즈음이면 넓은 분지 모양의 웃천막이 나타났다.

사람들은 거칠어 보이고, 어른이나 아이나 할 것 없이 행색은 남루했다. 집집마다 매캐한 나무 연기 냄새가 가득 배어 있었고, 고개를 숙이고 허리를 숙여야만 겨우 들어갈 수 있는 집이 대부분이었다.

낮에는 간간이 개 짖는 소리와 숨이 끊어질 듯 자지러지게 쿨룩거리는 기침 소리가 조용한 한낮의 정적을 깨었고, 밤이면 웃천막은 또다시 깊은 정적에 싸였다.

가난은 그들에게 상처가 되기도 했고, 슬픔과 눈물이 되기도 하였다. 그러나 생존이라는 말이 절대적으로 느껴지는 웃천막에도 사랑이 있었고 감동이 있었다. 동네잔치가 있는 날이면 모두가 모였고, 모두가 같이 나누었다. 삶에 대한 애틋함 때문에 하루 일을 마치고 동구 밖 길을 걸어 올라오는 사람들의 노래는 심금을 울렸다.

대포 한잔에 목을 축이고 부르는 그들의 노래 소리는 때로는 한탄으로, 때로는 사랑으로, 때로는 희망의 간절함을 안고 웃천막의 밤하늘에 오래도록 울려 퍼졌다.

1975년 '도시환경정화사업'으로 웃천막이 헐리게 되었고 아래 천막도 헐리게 되었다. 사람들은 다시 뿔뿔이 흩어져야만 했다. 흩어졌다가 웃천막에 모였던 그들은 이제 다시 서로를 걱정하며 안부를 물어야만 되었다. 사람들은 같이 했던 '웃천막'에서의 생활을 잊지 못했을 것이다. 남이었지만 남이 아니었던 그들의 모습, 가난했지만 가난조차도 그들의 모습을 비웃지 못했다.

웃천막에서 그들의 생활은 시작되었다. 천막 안은 여름에는 더웠고 겨울에는 추웠다. 천막 바깥에는 흰색 페인트로 이렇게 씌어져 있었다.

'U. S. Army'

생명

　천막 안은 너무 어두워서 양쪽으로 문을 열어 놓지 않으면 사람의 형체를 알아 볼 수가 없었다. 중앙에는 사람이 다니는 통로를 길게 만들었고, 양쪽으로는 대여섯 가정씩 칸막이를 해서 가구별로 나누어 살았다. 천막 안은 춥다고 문을 닫아 놓으면 퀴퀴한 냄새가 코를 감싸게 했다. 땀 냄새며 사람 냄새며, 불을 때느라 배었던 나무 탄내가 뒤섞여 있었다.

　천막생활에서 제일 힘든 것은 먹고, 싸고, 잠자는 일이었다. 여름이면 많은 비와 더위 때문에 사람들은 몸서리를 쳤다. 비가 오면 불을 피워서 밥을 할 수가 없었다. 처음에는 식사 배급을 줘서 괜찮았는데, 나중에는 밥을 해서 개인적으로 먹어야만 했다.

　겨울은 더 힘들었다. 쌩쌩 부는 겨울바람은 모든 것을 얼게 만들었다. 그런 와중에도 아낙네들은 마을 끝머리에 있는 빨래터에서 얼음을 깨고 빨래를 했다. 찬 얼음물에 담근 아낙네들의 손은 금방 빨갛게 꽁꽁 얼었다. 빨래 방망이로 빨래를 두드릴 때마다 빨래는 탁탁 소리와 함께 작은 얼음 조각들이 튕겨져 나왔다.

시간이 지나면서 천막이 낡아 찢어지기 시작했다. 며칠 전 아내가 남자 아기를 출산한 웅태 씨는 천막에 난 구멍을 막기 위해 찬바람을 맞으며 바깥에서 굵은 바늘을 들고 천막을 깁고 있었다. 간밤에 찢어진 천막 사이로 찬바람이 들어와 잠 한숨 못 잔 터였다. 웅태 씨는 물론이고 아내와 아기까지 겨우겨우 밤을 버텼던 것이다. 두꺼운 군용 천막도 그렇지만 꽁꽁 언 손으로 바늘을 집어서 천막을 깁는 일은 생각만큼 쉽지 않았다. 손가락에는 바늘을 잡아당기느라 하얗게 줄이 나 있었다. 무엇보다도 걱정되는 것은 산모와 갓난아기였다. 겨울 찬바람은 성한 사람도 견디기 힘든데 산모와 갓난아기가 걱정이 되지 않을 수 없었다.

그러나 세찬 바람은 야속하게도 애써 기워 놓은 실을 끊어 버리고 천막을 펄럭거리게 만들었다. 천막 안 속살이 다 드러나 보였다. 펄럭이는 천막 안으로 아기 얼굴이 보였다. 할머니가 하얀 실로 짜서 만들어준 모자를 썼지만 드러난 볼은 추위 때문에 빨갛게 얼어 있었다. 아기 곁에 누워 있던 산모가 놀란 눈으로 얼른 일어나 포대기로 아기를 감쌌다.

"아, 안 되겠네. 천막이 계속 찢어져서 우리도 집을 지어야겠어……."
"어디 집 지을 땅이 있나 알아봐야겠어."

그러나 집을 짓는 것도 쉬운 일이 아니었다. 며칠 전에도 같은 천막에 사는 재학이 아버지가 바깥에 집을 지으려고 했지만 며칠 동안 내린 비 때문에 담이 허물어지면서 고생해서 지었던 것이 수포로 돌아가고 말았다. 집을 지으려고 해도 마땅히 재료가 없었다. 돈만 있으면 시내에 가서 얼마든지 물건을 사가지고 와서 집을 지을 수 있지만, 먹는 것도 어려운 형편에 집 지을 형편은 더욱 못 되었다.

며칠을 돌아다니다가 가까스로 집을 지을 터를 발견했다. 집터는 동네 입구 옆에 있었는데, 야트막한 산 아래라 큰 비가 와도 괜찮을 것 같고, 양지바른 곳이라 볕도 잘 들 것 같았다. 이제는 집을 짓는 일만 남았다. 마음은 벌써 집을 짓고 있었다. 어서 빨리 집을 지어서 아내와 아기를 따뜻하게 해주고 싶었다. 더 이상 찬바람을 쐬지 않아도 될 것 같았다. 집터만 봐도 그냥 기뻤다.

웅태 씨는 지게 지는 일을 마치고 낮에 모아두었던 나무들을 묶어서 등에 지고 집으로 돌아왔다. 빨리 집을 짓고 싶은 마음에 무거운 나무를 등에 가득히 지고 오느라 몇 번을 쉬었는지 모른다. 시장 사람들의 인심이 고마웠다. 근처 목재상 사장님은 팔 수는 없어도 쓸 수 있는 나무들을 모아 주었다. 지게 일을 자주 이용하는 종이 집 아주머니는 벽에 바르라고 도배지를 한 움큼 주었다. 그것만으로도 충분했다. 시장 사람은 아기 안부를 묻고, 아내 이야기를 하면서 빨리 집을 지으라고 했다.

나무를 지고 집으로 걸어오는데 지나가는 사람들이 힐끗힐끗 쳐다보았다. 젊은 사람이 나무를 한가득 등에 지고 땀을 뻘뻘 흘리면서 걸어가는 게 신기했던 모양이었다. 행색으로 보아 장작을 팔러 다니는 사람은 아닌데, 나무 꾸러미를 지고 걸어가니 이상해 보였던 것이다.

"그 나무 뭐할라꼬 그렇게 가지고 가노?"

조금 전부터 느릿 느릿 걸음으로 앞에 가시던 할아버지가 뒤를 돌아보며 궁금한 표정을 지으며 물었다.

"예, 저기 수정동 웃천막에 집 지을라고 가지고 갑니다."

"웃천막까지?"

"예."

"거기 먼 데까지?"

"예."

할아버지는 믿기지 않는다는 표정을 지으셨다. 앞으로 족히 걸어도 한 시간은 훨씬 더 걸리는 거리를, 그것도 나무 짐을 등에 가득 지고 걸어간다고 하니 놀라셨던 것이다.

"힘 안 들어?"

"예, 괜찮습니다. 뭐 별로 안 무거운 데요. 뭐."

웅태 씨는 땀을 닦으면서 흐흐 하고 웃었다.

정말로 무겁지 않았다. 짐을 지고 나르는 일에는 이골이 나 있었다. 국제시장에서 남포동에서, 자갈치까지 짐이 있는 곳이라면 어디든지 돌아다녔다. 영주동 산꼭대기까지 짐을 나르고, 아미동 산동네까지도 지게 짐을 날랐다. 웅태 씨만 그런 것이 아니었다. 지게꾼들은 모두 다 그렇게 일을 했다. 그나마 아직은 힘이 있어서 다행이었다.

같이 일하는 김 씨 아저씨는 무릎이 아파서 오래 걷지를 못했다. 요즈음은 관절염이 심해지셨는지 무거운 짐을 더욱 못 지셨다. 약을 드시면서 이름 모를 약을 한 움큼씩 손에 쥐고 입에 털어 넣으셨다. 얼마나 가슴이 아팠는지 모른다. 힘이 있다고 무거운 짐을 번쩍 드는 것도 미안한 일이었다. 그래서 짐을 질 때마다 김 씨 아저씨가 볼까 봐 슬쩍 슬쩍 눈치를 보기도 했다.

집을 짓는 데는 동네 사람들이 나서서 도와주었다. 품삯이라고 해봤자 시원한 막걸리 한 사발이 전부였다. 어른들 몇 사람이 달려들어서 일을 하자 집은 금방 모양이 갖추어져 갔다. 비록 지붕이 낮아서 고개를 숙이고 들어가야만 집이지만 내 집을 짓는다는 게 너무 기뻤다. 흙과 진흙으로 벽돌을 만들어 벽을 세우고, 방은 어머니를 생각해서 큰 방, 작은 방 두 개를 만들었다. 구들은 깔 수도 없었다. 그냥 맨 흙 바닥이 전부였다. 시내에서 얻어 온 쌀가마니를 펴서 장판지 대신 깔았다. 시장 아주머니가 준 도배지로 벽을 발랐다. 알록달록 꽃무늬가 방 안을 따뜻하게 수놓았다. 아내가 좋아할 것만 같았다.

그날 밤 천막에 누워서 잠을 자는데 잠이 오지 않았다. 오늘 하루 있었던 일들이 머리에 떠올랐다. 고마운 사람들의 얼굴이 생각났다. 김 씨 아저씨는 그 와중에도 아기 사 먹이라고 돈 200원을 주머니에 넣어 주었다. 지게 짐을 두 번이나 져야 벌 수 있는 돈이었다. 성치 않은 몸으로 그렇게까지 생각해 주니 어떻게 해야 할지 몰랐다.

옆에서 아내가 자고 있었다. 아내 품에 안긴 아기는 새근거리며 자고 있었다. 천사같이 얼굴이 평화로웠다. 아내와 아기를 감싸자 따뜻한 체온이 느껴졌다. 같이 있어서 외롭지 않았다. 어젯밤보다는 바람이 많이 준 것 같았다. 펄럭이는 천막 사이로 집이 보였다. 웅태 씨는 밤에 꿈을 꾸었다. 꿈에서도 집을 짓고 있었다.

지게에 피는 꽃

 봉우 씨는 오늘도 하루 종일 지게를 지고 역전을 서성거렸지만 손님을 만나지 못했다. 멀리서 기차가 기적을 울리고 '쉭 쉭' 소리와 함께 흰 연기를 내뿜으며 역으로 들어올 때마다 지게를 지고 개찰구 앞으로 나가 보지만 짐을 들고 나오는 사람들은 별로 많지 않았다. 간혹 짐을 가지고 나오는 사람을 발견하고 '아, 짐이구나.' 하고 발걸음을 옮기지만 짐은 이미 걸음이 빠른 다른 지게꾼이 가져간 후였다.

 봉우 씨는 한 쪽 다리를 절었다. 전쟁 때에 다리를 다쳐서 걸음을 제대로 걷지 못하였다. 산동네 웃천막에서 시내까지 걸어서 내려오는 데에도 꽤 많은 시간이 걸렸다. 봉우 씨에게도 가족이 있다. 아내와 아이들 둘이. 비록 가난한 살림이지만 웃음을 잃지 않았다. 남에게도 피해를 주지 않으려고 애를 썼다.

허탈한 마음을 삭히려 지게를 눕혀 놓고 담배 한 개비를 피워서 입에 물었다. 하얀 연기가 공중으로 굴뚝 연기처럼 피어올랐다. 벌써 일이 신통치 않은 날이 여러 날이었다. 여름 장마철이라 비가 자주 내렸다. 며칠 전에는 큰 태풍 때문에 며칠 동안 아무것도 하지 못하고 집에만 가만히 앉아 있어야만 했다. 집에 있으면 아이들은 배가 고프다고 칭얼거렸다. 이웃집에서 감자 먹는 것을 보았는지 감자를 삶아 달라고 떼를 썼다.

"조금만 기다려봐, 감자 삶아 줄게."

"언제? 지금……?"

아이들은 배고픔을 참지 못했다. 배고픈 것은 봉우 씨나 아내도 마찬가지였다. 배고픔을 참는다는 것은 힘든 일이었다. 가게에 가서 외상을 하는 것도 쉽지 않았다. 외상을 할 때마다 미안한 마음에 늘 고개를 숙여야만

했다. 외상값을 언제까지 갚겠다고 말했지만 변변히 제 날짜에 갚지 못하는 날이 많았다. 그럴 때마다 쥐구멍에라도 들어가고 싶은 심정이었다.

'오늘도 일이 없으려나?'

아무래도 오늘도 허탕을 칠 것만 같았다. 애꿎은 담배를 지그시 깨물으면서 개찰구 앞을 뚫어지게 바라보았다. 그때였다. 사람들이 나오는 개찰구 앞에서 누군가를 크게 손짓 하는 것이 보였다.

"어이, 봉우! 얼른 이리 와! 여기 짐 맡아놨어! 얼른 와!"

손짓을 하면서 봉우 씨를 부르는 사람은 웃천막에서 같이 사는 판식이 아저씨였다. 판식이 아저씨는 환갑을 넘긴 나이인데도 힘이 장사여서 사람들은 판식이 아저씨를 '장사'라고 불렀다.

"아니, 아저씨가 안 하시고 와 저한테 줍니까……?"

"아, 괜찮아. 나는 좀 있다 또 하면 돼. 어서 해"

"이래도 됩니까?"

"아, 그럼. 다 같이 먹고 살자고 하는 건데, 괜찮아."

판식이 아저씨는 눈을 한 번 찔끔하고는 빈 지게를 메고 역전 광장으로 터벅터벅 걸어갔다.

짧은 순간이지만 고마운 생각이 머리를 스쳐갔다. 돈이 아니라, 고마운 마음이 먼저였다.

"아, 아저씨, 짐 안 날라요?"

"아! 참 내 정신 좀 봐라. 예, 예, 알았습니다."

지게에 짐을 실으면서 판식이 아저씨를 쳐다보았다. 판식이 아저씨는 지게를 내려놓고 다른 지게꾼들과 같이 무슨 재미있는 이야기를 하는지 소리를 내며 크게 웃고 있었다.

해가 기울고 어둠이 내릴 무렵이면 지게꾼들은 지게를 지고 모두 각자의 집으로 돌아갔다. 간혹 집이 멀리 있는 지게꾼들은 역전 옆에 있는 지게나 리어카를 보관하는 곳에 가서 오백 원을 내고 지게를 맡겼다. 그러나 대부분의 지게꾼들은 오백 원이 아깝기도 하거니와 자신의 분신과 같은 지게를 아무 데나 둘 수가 없어서 지게를 지고 집으로 향했다.

역 앞에는 큰 도로가 있었는데 도로를 지나면 시장이 있었다. 시장 앞에는 리어카에 가스등을 밝히고 포장마차가 여러 대 줄지어 서서 장사를 하였다. 하루 일을 마친 사람들은 포장마차에 들러 대포 한잔을 시켜 놓고 회포를 풀었다. 오늘 하루 있었던 일과 인생 이야기가 대부분이었다. 나이 많은 어른들은 대개 이야기를 하고, 그보다 나이가 적은 사람들은 이야기를 듣는 게 일상적인 모습이었고, 간혹 비슷한 연배의 나이로 보이는 사람들은 때로는 언성을 높여가며 서로 자기주장을 한다고 큰 소리로 고함을 쳤다. 그럴 때마다 사람들은 또 시끄럽다고 고함을 지르고 늘 시장 앞 포장마차는 술잔을 나누는 사람들로 왁자지껄했다.

판식이 아저씨와 봉우 씨, 그리고 지게를 같이 지는 몇몇 지게꾼들이 포장마차를 찾았다. 포장마차 휘장을 제치고 포장마차 안으로 들어서서 의자에 걸터앉았다. 자욱하게 고기 굽는 연기가 포장마차 안을 가득 메우고 있었다. 늘 들르는 단골이라 주인아저씨와 대충 인사를 하고 술을 시켰다.

"아저씨, 오늘 고맙습니다."

"허허, 뭘 그러나, 그까짓 것 가지고. 괜찮아."

판식이 아저씨는 별로 대수롭지 않다는 듯이 '크.' 소리를 내며 시원하게 술잔을 비웠다.

"사실 아저씨 아니었으면 오늘 참 힘들었을 거예요. 오늘 오전 내내 손님이 하나도 없었거든요."

"그때부터 일이 되기 시작했어요. 오늘 다섯 건 했거든요."

봉우 아저씨의 목소리가 가늘게 떨렸다.

"집에 애들도 있고 마누라도 있고, 오늘도 집에 빈손으로 들어가면 어떻게 하나 걱정하고 있었거든요."

"아침에 나오는데 쌀이 없다고 하더라고요."

술잔을 단숨에 비웠다. 찌릿한 술이 목구멍을 타고 내려갔다. 코로 술 냄새가 확 풍겨 올라왔다. 콧물이 코에 맺혔다. 이대로 두면 봉우 씨는 울 것만 같았다. 보이지는 않지만 눈물을 글썽거리고 있었다.

"자, 내 잔 받아. 그깟 일로 마음이 약해지고 그래."

"힘들지만 힘내. 살다 보면 분명히 좋은 날이 있을 거야."

봉우 씨의 등을 토닥여 주는 판식이 아저씨의 모습은 형님과 같았다.

지게꾼들은 서로 짐을 먼저 지겠다고 싸우는 모습이 많았다. 때로는 볼썽사납게 주먹다짐까지 하는 일도 있었다. 그럴 때마다 판식이 아저씨는 두 사람을 불러서 혼을 내 주었다. 아무리 우리가 가난하고 지게를 진다고 하지만, 돈 몇백 원 더 벌겠다고 싸움까지 해서 되겠느냐고 호통을 쳤다. 소문에 의하면 판식이 아저씨는 전쟁이 있기 전에는 서울에서 큰 공장을 하던 사장이라고 했다. 전쟁통에 공장이 모두 불에 타고 식구들만 간신히 몸을 피해 부산으로 피난 왔다고 한다. 언젠가는 다시 서울로 올라갈 것이라고 했다.

"아저씨, 다시 서울로 올라가실 거예요?"
"……."
판식이 아저씨는 아무 말도 하지 않았다. 그렇게 묻는 봉우 씨를 쳐다보면서 씽긋 하고 웃을 뿐 말이 없었다. 얼굴 콧잔등에 진 주름이 더욱 굵게 보였다.
산등성이에서 시내를 내려다보니 불빛이 환했다. 불빛 건너편으로 역전 모습이 희미하게 보였다. 기차가 어둠을 뚫고 흰 연기를 내뿜으며 역으로 들어오는 모습이 보였다.
판식이 아저씨와 봉우 씨는 오랫동안 앉아 있었다. 밤이슬이 풀잎에 소리 없이 맺혔다. 아저씨들의 지게에 이슬이 맺혔다. 내일 아침이면 아름다운 이슬 꽃이 피어 있을 것이다.

우리는 얼마나 많이 가져야만 행복할까? 다른 사람의 어려움을 내 고통으로 여겨 본 적이 있는가? 없다면 우리는 아직도 욕심이 많은 것이다. 성공에 대한 과도한 욕망은 이웃과 우리를 남이 되게 한다. 웃천막에는 담이 없었다. 있더라도 눈높이의 담이 전부였다. 담 옆을 지나면 방 안에서 소곤거리는 소리가 문 밖으로 새어 나왔다. 아침에 먹을 쌀 걱정을 하면 쌀뒤주를 긁어서 쌀을 몰래 부엌에 가져다 놓았다. 아이를 낳은 집에 형편이 어려워서 산모가 젖이 나오지 않으면 이웃 아주머니들이 젖동냥을 자청했다. 아픈 집에 밀린 빨래는 손 큰 아주머니들이 십시일반으로 도왔다.

양어머니

    남자들이 일하느라고 모두 시내로 내려간 웃천막은 조용하다 못해 적막하기까지 했다. 조금 전까지만 해도 아이들이 학교를 가느라 부산하던 동네는 이내 뒷산에서 우수수 하고 나무 가지가 흔들리는 소리에 휩싸이고 말았다. 어른 한 사람이 겨우 다닐 정도의 좁은 골목길을 걸으면 콜록거리는 기침 소리와 '컥.' 하고 가래 내뱉는 소리가 아직도 사람이 있다는 것을 말해주는 듯하다.
    남아 있는 사람들은 대개가 몸이 불편하거나 일이 없는 사람들이다. 폐결핵 때문에 말을 할 때마다 목에서 쇳소리가 나고, 금방이라도 숨이 멎을 것 같이 쌕쌕거리는데 보는 사람으로 하여금 불안한 마음을 가지게 한다. 연세 많은 어른들도 마찬가지다. 방 안 한쪽 구석에 요강을 두고 일을 보기 때문에 그런 방에 들어갈 때마다 지린내와 퀴퀴한 냄새 때문에 코를 잡게 한다. 아침마다 언덕이나 시궁창에 요강을 비울 때마다 악취가 진동을 한다. 그럼에도 불구하고 아무도 말하는 사람이 없다. 다들 그렇게 살기 때문이다.

오늘도 명숙이는 우두커니 집에 남아 있다. 초등학교 6학년이지만 학교에 가지 못한다. 집안 형편이 어렵기 때문이다. 학교에 육성회비를 벌써 몇 달째 내지 못하면서 미안한 마음에 학교에 가지 않는 것이다. 며칠 전 학교에서 담임선생님이 친구들과 함께 오셔서 괜찮으니 학교에 나오라고 말씀하셨지만 나갈 수 없었다. 선생님은 벌써 어려운 아이들의 회비를 대신 월급에서 내 주고 계셨던 것이다. 그렇기 때문에 차마 자기까지 그렇게 피해를 입혀 드릴 수가 없다는 생각이 들었다.

부모님이 계시지 않는 것이 아니었다. 아버지는 부두에서 짐 나르는 일을 하시다가 허리를 크게 다치셨다. 부두에서 짐 나르는 일을 하는 사람들은 그래도 형편이 제법 나았다. 순복이 아버지는 부두에서 반장 일을 한다고 했는데, 제법 돈을 많이 번다고 자랑했다. 다른 친구들은 보자기에 책을 싸서 다니는데 순복이는 빨간 책가방을 가지고 다녔다. 책가방 안에는 예쁜 공책과 필통이 들어 있었는데, 필통 안에는 금방 깎은 듯한 연필이 가지런히 들어 있었다.

순복이는 연필 냄새를 맡으면서 자랑을 했다. 예쁜 잠자리가 그려진 연필이었는데 미국에서 온 것이라고 했다. 엄마는 새벽에 일찍 동네 아주머니들과 함께 멀리 밭일을 하러 가셨다. 일찍 가지 않으면 제 시간에 일을 시작할 수 없다고 하시면서 아침밥도 드시지 않고 길을 나섰다. 아침이라고 해도 먹을 게 거의 없었다. 어제 저녁에 먹다 남은 보리밥이 소쿠리에 담겨 찬장에 들어 있을 뿐 반찬도 쉰내 나는 김치밖에 없었다.

"콜록 콜록, 명숙아!"

감기 몸살을 며칠 앓아 몸이 더 야위어진 아버지가 명숙이를 불렀다.

"저기, 방 문 좀 열어 봐. 답답해 죽겠어."

"아버지, 바람이 쌀쌀해요. 그냥 가만히 계세요."

"아냐, 괜찮아, 조금만 열어 봐."

방 안에만 누워 계시던 아버지가 답답하셨던 모양이다.

문고리를 잡고 방문을 열어젖히자 시원한 바람이 얼굴 가득히 느껴졌다. 방 안에 있던 모든 더러운 공기가 깨끗이 씻겨 나가는 듯했다.

"아, 시원하다."

아버지는 아픈 것이 마치 다 나으신 듯 두 손을 들고 기지개를 펴셨다. 가느다란 팔뚝이 애처로워 보였다. 흰머리 가락과 헝클어진 머리, 며칠 동안 씻지 못한 아버지의 얼굴은 한눈에 봐도 병자처럼 보였다.

'아버지가 언제 일어나시려나……'

명숙이는 아버지를 쳐다보면서 어서 빨리 일어나시기를 마음속으로 기도했다.

그런 명숙이의 마음을 아셨는가 보다.

"명숙아! 조금만 참아, 아버지 곧 일어날게. 며칠만 기다려 금방 일어날 거야."

아버지는 꼭 일어나실 거라는 말에 힘을 주어 말씀하셨다.

그때였다. 웬 낯선 두 사람이 아버지와 명숙이 앞에 불쑥 나타났다.

처음 보는 사람들이었다. 한 사람은 한국 사람이고, 또 한 사람은 말로만 듣던 미국 사람이었다. 두 사람 모두 여자였다.

"네가 명숙이 맞니?"

"……."

"아, 나는 '양친회'[2]라는 곳에서 일하는 사람인데, 너를 도와주러 왔단다. 이분이 양어머니가 되셔서 너를 도와주실 거야. 인사드리렴."

그러자 미국 여자가 명숙이에게 먼저 말을 건넸다.

"HI! Nice To Meet You, 명숙!"

미국 여자는 명숙이에게 웃으면서 손을 내밀었다.

쭈뼛하게 선 자세로 명숙이가 손을 내밀자 미국 여자는 아주 반가운 듯이 미소를 지으며 명숙이 손을 잡고 세차게 흔들었다.

"앞으로 어려운 일이 있으면 이야기하면 돼. 이분이 많이 도와주실 거야."

명숙이와 아버지는 어안이 벙벙했다. 무슨 일인지 몰라 멍한 표정이었다. 이야기 내용은 이랬다. 앞으로 매달 쌀이나 밀가루, 설탕, 돈이 나오고, 때에 따라서는 책가방이나 학용품, 옷도 나온다고 했다. 웃천막에 사는 친구들 중에도 '양친회'의 도움을 받는 친구들이 몇 명 있었다. 매달 꽤

---

2) 양친회(FPP, Foster Parent's Plan). 미국에 국제본부를 둔 후원단체로 한국전쟁 후 불우한 아동들과 양부모 결연을 통하여 교육, 의료, 복지 등을 지원하였으며, 기독교 아동복리회(CCF), 기독교세계봉사회(CWS)와 같이 활동하였다.

많은 돈이 나온다고 했다. 미국 돈으로 10달러, 5달러가 나온다고 했다. 그 돈을 은행에 가지고 가면 큰돈으로 바꿔 준다고 했다. 어떤 때에는 한국 돈으로 나온다고도 했다.

양친회에서 나왔다는 사람과 미국 여자는 명숙이에게 이것저것을 물어보고 집을 한 번 둘러보고는 또 오겠다는 말을 남기고 집을 나섰다.

마을 동구 밖까지 따라 나갔다. 무슨 말을 해야 할지 몰랐다. 말이 나오지 않았다. 길을 내려가면서 저만치서 미국 여자가 손을 크게 흔들며 웃었다. 명숙이는 자기도 모르게 손을 흔들었다. 아랫길 모퉁이를 돌아 보이지 않을 때까지 우두커니 서 있었다.

집으로 오면서 마음이 두근거렸다. 마치 도둑질을 한 것처럼 가슴이 쿵쿵 뛰었다. 이제 학교에 다시 갈 수 있다는 생각이 들었다. 밥을 굶지 않을 것 같았다. 엄마 얼굴이 보였다. 아버지도 빨리 일어나실 것만 같았다. 집에 들어오니 아버지가 마루에 걸터앉아 기다리고 계셨다. 명숙이는 아버지의 손을 꼭 잡았다. 아버지의 흰머리가 바람에 흩날렸다. 미국 아주머니의 환한 웃음이 눈에 가득히 보였다. 명숙이는 미국 아주머니에게서 사랑을 배웠다.

받는 사랑만 있는 것이 아니라, 주는 사랑도 있다는 것을 깨달았다. 참으로 귀한 만남이었다.

약장수

복자 아주머니는 장을 보고 집으로 올라가는 길에 시장 옆 공터에서 약을 팔고 있는 약장수 구경을 하러 들렀다. 약장수는 거의 매일 빠지지 않고 공터에서 나와서 사람들에게 약을 팔았는데, 사람들은 볼 것이 별로 없을 때라 약장수가 있는 곳이면 발 디딜 틈이 없이 빼곡히 서서 약장수 구경을 했다.

사람들이 많아 약장수가 보이지 않았다. 소리는 들리는데 약장수 얼굴이 보이지 않으니 무슨 일을 하는지 궁금해졌다. 키가 작아서 까치발을 하고 서서 목을 빼고 보지만 보이지 않았다. 약장수들은 약만 팔지 않았다. 약장수 구경을 하는 사람들의 관심은 약보다는 약을 팔기 전에 하는 재미있는 일들이었다.

사람들 틈을 비집고 들어가려고 하는데 구경하던 사람이 눈치를 줬다.

"아, 미안합니더. 조금만 들어갈게예."

사람들 사이를 겨우 비집고 들어가자 너른 마당이 한눈에 보였다. 약장수는 마이크를 입을 대고 침을 튀겨가며 약장수 특유의 발음으로 사람들에게 말을 쏟아내고 있었다.

"아줌마, 아저씨, 이 약 본 사람 있으면 말해봐……?"

"없지? 나도 처음 봐."

"내가 오늘 아줌마 아저씨들한테 줄라꼬 특별히 가지고 나왔어."

"지금부터 이 약에 대해서 말할 테니 잘 들어봐."

"앞에 앉은 애들, 애들은 안 들어도 돼, 집에 가서 엄마 아버지 모시고 와. 엄마 아버지가 들어야 돼."

사람들은 무슨 약인가 싶어 침을 삼키며 궁금해했다. 숨소리조차도 들리지 않았다. 사람들의 시선과 귀는 약장수 아저씨가 하는 말에 모두 몰렸다.

"그런데 이 약이 어떤 약인가? 이 약이 얼마나 대단한 약인가? 이 약을 먹은 사람들을 보고 믿어지면 사면 돼. 안 사도 괜찮아."

"자, 이 약을 먹고 제일 효과를 많이 본 사람이 있어. 이 사람 한번 봐봐. 이 사람은 옛날에 저기 서 있는 아저씨보다 더 말랐어. 아이구, 우리 사장님은 그게 비하면 뚱뚱한 편이야. 이 사람도 지금은 이렇지만 옛날에는 삐쩍 말랐어. 북어? 북어 알지? 마른 명태는 저리 가라야. 지나가는 강아지도 안 건드렸어. 왜? 먹을 게 하나도 없거든."

사람들이 와! 하고 웃었다. 박수를 치고 난리가 났다. 약장수 아저씨의 입담은 최고 정점을 향해 달려가고 있었다. 사람들이 박수를 치고 요란하게 웃는 사이에 과거에 뼈쩍 말랐다던 사람이 근육을 과시하면서 사람들 앞에 섰다.

"이 사람이 뭘 보여준다고 하네. 뭘 보여줄지 나도 몰라. 지 혼자 밤에 부시럭거리더만, 나도 모르겠어."

"어이, 이 사람아! 뭘 보여 줄 건데?"

"뭐……?"

"허허, 보면 안다고 하네. 별 시런 놈. 그래 한번 보여 봐."

사람들은 긴장했다. 눈앞에서 근육질 우람한 그 사람은 얍! 하는 소리와 동시에 길고 두꺼운 쇠를 목 아래에 붙이고 다른 근육질 우람한 사람과 같이 거리를 좁혀가자 긴 쇠가 조금씩 휘어지기 시작했다.

"와!" 하는 박수 소리가 쏟아져 나왔다. 그러자 약장수가 쉿! 하고 손가락을 입에 대면서 조용히 하라는 표정을 지었다.

사람들은 어린아이나 어른 할 것 없이 모두 입을 다물었다. 심장이 두근두근했다. 그런 장면은 처음 봤기 때문이었다. 사람들은 눈을 떼지 못했다.

다시 "와!" 하는 소리가 터져 나왔다. 근육질 우람한 아저씨가 굽어진 쇠막대를 들어 보이자 비로소 사람들의 입에서 안도하는 소리가 나왔다.

스피커에서 음악소리가 터져 나왔다. 아코디언을 연주하는 소리와 텅텅 치는 북소리가 마당을 가득 채웠다.

"자, 두 눈으로 똑똑히 봤지. 저 사람 힘이 어디에서 저렇게 나왔을까?"

"이 약이야, 이 약. 이 약이 바로 힘을 불끈 불끈 솟아나게 했어."

"더도 말고 딱 삼 일만 잡숴 봐. 아줌마 아저씨, 딱 삼 일만 잡숴 봐. 거짓말이면 내 손에 장을 지져."

"단돈 천 원밖에 안 해. 천 원짜리로 인생이 달라져, 한번 믿어봐."

사람들이 여기저기서 손을 내밀었다. 단돈 천 원이라는 말에 밑져봤자 본전이라는 생각으로 모두들 약을 달라고 아우성이었다. 예쁘고 날씬한 몸매를 가진 여자가 약을 들고 사람들 앞을 왔다 갔다 하며 약을 팔았다. 쇠줄에 매여 있는 원숭이가 약을 들고 사람들 앞을 어슬렁거렸다. 원숭이한테서는 지린내가 풍겼다. 아이들은 원숭이가 폴짝거리며 가까이 올 때마다 겁을 먹고는 자리를 피했다.

약장수 앞에는 약 이름이 쓰인 종이와 약들이 종이봉투나 비닐봉지에 담겨서 기다랗게 놓여 있었다. 약들은 신경통, 위장약, 설사약, 중풍, 회충약, 쥐약 등 사람들이 필요로 하는 약들의 이름이 모두 다 있었다. 그러나 그렇게 약을 사 가면서도 약을 의심하는 사람은 별로 없었다. 모두들 그 약을 먹으면 다 낫고 고쳐지는 줄 알았다. 사람들이 약장수에게서 가장 많이 들은 말은 '만병통치'라는 말이었다.

"아저씨! 여기도 하나 주세요."

복자 아주머니가 돈 천 원을 흔들며 약장수 앞으로 팔을 뻗었다.
그 순간 약장수가 눈을 끔뻑하며 다른 사람들이 모르게 고개를 가로저었다. 말은 하지 않았지만 약을 사지 말라는 눈치였다.

자세히 보니 약장수는 한 동네에 사는 수근이 아버지였다.

'수근이 아버지……?'

복자 아주머니는 손으로 입을 막았다. 하마터면 '수근이 아버지' 하고 크게 부를 뻔했기 때문이다. 약을 팔고 있는 약장수 아저씨가 수근이 아버지인 줄은 꿈에도 몰랐다. 약을 팔러 다닌다는 것은 알았지만 여기 시장에서 약을 팔고 있을 것이라고는 생각지도 못했다.

"……."

"아저씨, 여기 고약 하나 주세요."

복자 아주머니는 짐짓 모르는 체하고 앞에 놓인 약 꾸러미에서 '고약'을 하나 골랐다.

"거기 아주머니에게 회충약 하나 더 드리세요. 오늘 인심 크게 씁니다."

수근이 아버지는 기분 좋다는 표정을 지으며 하하 하며 크게 웃었다.

회충약을 받으며 수근이 아버지를 다시 한 번 쳐다보았다.

아저씨는 장사를 즐기고 있었다. 약을 팔기보다는 사람들에게 웃음을 주는 것을 좋아하는 듯했다. 수근이 아버지가 오랫동안 약장사를 하는 만큼, 사람들도 오랫동안 수근이 아버지 곁을 떠나지 않았다. 만병통치약이 있는지 없는지는 모르지만 사람들은 만병통치약이 있다고 믿었다. 모두들 다 믿지는 않았지만 그렇다고 의심도 하지 않았다. 모두가 다 아는 사실은 더 이상 거짓말이 아니었다. 사람들은 천 원을 내고 웃음 약을 사고 있었다.

산동네 웃천막에는 장을 찾아다니며 약을 팔러 다니는 약장수들이 서너 명 살고 있었다. 마을 아래 시장은 물론이고 이웃에 있는 조방 앞이나 멀리 구포 장에까지 가서 약을 팔았다. 사람들은 필요한 약이 있으면 약장수에게서 약을 샀다. 한밤중에도 갑자기 급하면 약장수 집의 문을 두드렸다. 동네에도 일반 가정집에서 약을 파는 집들이 더러 있었다. 장터 약장수에게서 산 약이나 동네 집에서 산 약을 먹고 탈이 난 사람은 없었다. 별로 없었다. 약장수는 동네 사람들이 많이 찾는 약은 늘 가지고 있었다.

사람들은 믿고 사고, 믿고 먹었다. 믿음은 사람과 사람을 연결시켜주는 중요한 고리 역할을 한다. 부모와 자식이, 이웃과 이웃이 믿음으로 연결되어 있다. 그러나 사람들은 믿음을 가볍게 생각한다. 믿음을 줄 생각보다 눈앞의 이익을 먼저 생각한다. 이익을 위해서 믿음을 미끼로 삼는다.

웃천막 사람들이 한밤중에라도 약장수 아저씨 집을 찾아 갈 수 있었던 것은 아저씨를 믿기 때문이었다. 아저씨는 살기 위해서 약장사를 했지만 양심까지는 팔지 않았다. 웃천막 사람들은 오랫동안 같이 살았다.

새댁 아주머니

하얀 눈발이 하늘 가득히 날렸다. 음력 12월이라 추운 날씨였다. 산 아래 보이는 집과 도로는 지난밤에 내린 눈으로 모두 하얗게 덮여 있었다. 간간이 움직이는 자동차를 보고 거기가 도로라는 것을 짐작할 수 있었다. 점점이 사람들이 걸어가는 것도 보였다.

산마루를 올라가다 뒤돌아서서 시내를 내려다보는 아주머니 입에서 하얀 입김이 나왔다. 가슴에 짐 보따리를 안고 머리에는 나일론으로 된 얇은 스카프를 썼는데 그 사이로 예쁜 신부 분단장이 보였다. 이마와 콧잔등에는 땀방울이 송골송골 맺혀 있었다. 산에서 부는 세찬 바람 때문에 두 볼이 빨갰다. 아주머니는 산 위에 동네가 있다는 이야기는 들었지만 이렇게 직접 오게 될 줄은 몰랐다.

"얘들아, 여기가 웃천막이 맞니?"

동네 입구에서 구슬치기를 하고 있던 아이들의 시선이 일제히 소리 나는 곳으로 몰렸다. 거기에는 처음 보는 아주머니가 서 있었다. 산동네에 사는 사람들과는 전혀 다른 모습이었다. 하얀 흰색 저고리에 흰색 고무신을 신고, 하얀 분을 바른 아주머니가 아이들을 쳐다보며 웃고 있었다.

"맞는데요. 왜요?"

아이들은 무슨 일인가 궁금해 하는 눈초리로 아주머니를 쳐다보았다.

"여기 혹시 만철이 아저씨 집 아는 사람 있니?

"예! 제가 알아요."

아주머니의 말이 떨어지기가 무섭게 아이들 중에 동철이라는 아이가 앞으로 나섰다. 그리고는 앞장서서 걷기 시작했다. 아이들은 놀이를 그만두고 아주머니와 동철이 뒤를 따라서 걸었다.

"만철이 아저씨 장가갔는데 그때 그 아줌마 아이가?"

"맞다. 그때 그 아줌마 맞다."

아이들은 그때서야 그 아줌마가 누군지 아는 듯했다.

동네가 그리 크지 않은 곳이라 만철이 아저씨 집은 금방 나타났다.

"아줌마, 여기요."

"그래, 고맙다."

아이들은 쉽게 자리를 뜨지 못했다.

'여기는 왜 왔지?'

아이들은 고개를 갸우뚱거렸다. 아주머니는 왜 웃천막으로 시집을 왔을까?

만철이네 아저씨 집은 금방이라도 무너져 내릴 것만 같았다. 그것은 만철이네 아저씨 집뿐만이 아니었다. 웃천막에 있는 집들은 거의가 다 똑같았다. 대부분 돌과 진흙으로 벽을 쌓고 지붕은 루핑(콜타르를 칠한 기름종이)이나 도단(양철로 슬레이트 같이 생긴)으로 지붕을 이었다. 그리고 그것도 여의치 않은 사람들은 키가 큰 풀을 꺾어다가 지붕을 이었다.

밤에 자다가 너무 추워서 벽에 손을 대어보니 판자로 된 벽이었다. 바닥은 그냥 시멘트 바닥이었고 장판지도 없었다. 얇은 담요 한 장이 전부였다. 꽁꽁 언 몸으로 간신히 밤을 버텨야만 했다. 부엌에 들어가 보니 쌀도 없고 연탄도 없고 간장도 없었다. 비가 오면 부엌 천장에서 물이 줄줄 새었다. 웃천막에 온 다음 날 아침밥을 먹는데 밥이 없어서 고구마와 김치로 밥을 대신해야만 했다. 아주머니는 손에서 결혼식 때 받은 두 돈짜리 금반지를 빼서 만철이 아저씨 옷과 구두를 샀다. 그런데 이런 황당한 일이 어디 있을까. 구두를 산 다음 날 아침에 나무 솥뚜껑이 부엌 바닥에 엎어져 있었다. 간밤에 도둑이 들었던 것이다. 도둑은 새로 산 만철이 아저씨 옷과 구두를 들고 가버렸다. 그뿐만이 아니었다. 아침이 조금 지나서 바깥이 소란스러웠다. 부엌문을 열고 나가 보니 어떤 남자가 서 있었다.

"쌀을 사간 지가 언젠데 아직도 쌀값을 안 주는교?"

"내사 마 입이 열 개라도 할 말 없소. 빨리 벌어서 값을 테니 조금만 봐주이소."

남자 옆에 선 시어머니가 두 손으로 빌며 사정을 했다.

"뭐라카요. 어제 아래도 오늘 준다 해 놓고 또 무슨 소리 하요."

며칠 전에 쌀을 외상으로 사와서 쌀값을 갚아야 하는데 그렇지 못했던 것이다. 만철이 아저씨는 시내 철공소에서 며칠 일을 하기는 하였다. 그런데 그렇게 번 돈을 집으로 가져 오기는커녕 시내 술집에서 술을 마신다고 다 써버리고 만 것이었다. 시어머니는 주위를 둘러보며 행여나 다른 사람들이 들을까 봐 어쩔 줄을 몰라 했다. 뾰족한 방법이 없었다.

아주머니는 거의 매일 밥을 굶었다. 가끔 국수를 삶아서 먹는 날도 있었지만 그것도 며칠을 가지 못했다. 보다 못한 동네 아주머니들이 새댁이 입 돌아간다고 하면서 집으로 데리고 가서 밥을 먹였다. 새댁 아주머니는 밥을 먹으면서도 제대로 밥을 먹을 수가 없었다. 아주머니만 밥을 먹고 식구들이 굶고 있을 것을 생각하니 밥이 넘어가지 않았던 것이다.

"저, 아주머니······."

"······."

"밥 좀 있으면 주시면 안 될까요? 집에 식구들이 밥을 못 먹고 있어서······."

아주머니는 더 이상 말을 잇지 못했다. 밥을 얻어먹는 것도 미안한데, 염치없이 밥을 좀 달라고 하는 말이 너무도 부끄러웠던 것이다.

아주머니는 그런 새댁 아주머니에게 양푼 한 가득 보리밥을 퍼서 주었다. 밥에서 김이 모락모락 났다. 꿀꺽 침이 삼켜졌다.

"아주머니 고맙습니다."

밥을 들고 나가는 새댁 아주머니의 어깨가 더욱 작아 보였다.

웃천막에 사는 아주머니들은 걸어서 몇 시간이 걸리는 곳까지 가서 삯을 받고 날품 일을 하기도 했다. 새댁 아주머니는 동네 아주머니를 따라 일을 하러 다녔다. 멀리 콩밭에서 풀을 매러 오라는 말을 듣고 호미를 가지고 가서 풀을 뽑으며 일을 했다. 점심때 점심을 먹는데 하얀 쌀밥에 고기 찌개를 끓여 내 온 것을 먹으며 꿀맛 같다는 생각이 들었다. 그렇다고 드러내 놓고 맛있다고 할 수 없었다. 밥을 좀 더 달라고 말할 수도 없었다. 밥을 먹으면서도 자꾸만 목이 메었다. 사람들 몰래 흐르는 눈물을 손으로 훔쳐야만 했다.

아주머니들 덕분에 돈을 벌 수 있었다. 그날은 마침 시아버지 제사가 있는 날이었다. 집에 오는 길에 시장에 들러서 장을 봐왔다. 고기도 사고 나물도 사서 집으로 올라왔다. 비가 주룩주룩 내렸다. 제사를 지내는 동안 아무도 말이 없었다. 무엇이 서러웠던지 고모들이 울었다. 그 곁에서 그 모습을 보고 있던 새댁 아주머니도 울지 않을 수 없었다.

만철이 아저씨가 보이지 않았다. 제사상을 차려 놓고 아무리 기다려도 오지 않았다. 비는 조금 전보다 더욱 세차게 내리고 있었다. 새댁 아주머니가 깜빡 잠이 들었던 모양이다. 그때 갑자기 문이 덜컹 하고 열리는 소리에 놀라 잠을 깨고 말았다.

"뭐야! 내가 그렇게 무서워?"

'찰싹' 하고 세차게 뺨을 때리는 소리가 들렸다.

"너거 집에서 해 준 게 뭐 있노. 있으면 한번 말해 봐."

술이 잔뜩 취한 만철이 아저씨는 눈을 부라리며 금방이라도 잡아먹을 기세로 아주머니를 노려보았다.

아주머니의 어깨가 들썩였다. 그리고는 이내 흐느껴 울기 시작했다.

"당신은 처갓집 보고 왔소? 나는 당신 보고 시집왔소."

새댁 아줌마의 울음은 서러움이었다. 시집오면 신랑 만나서 재미있게 살 것이라고 생각했는데, 먹을 것 걱정해야 하고, 입을 것 걱정해야 하고, 사랑받고 싶은 신랑에게 사랑을 못 받는 게 한이 되었던 모양이다. 가난보다 더 소중한 것은 사랑이었다.

새댁 아주머니는 약혼을 한 지 8개월 만에 결혼식을 올리고 이곳 웃천막으로 시집을 왔다. 그때 나이가 스물두 살이었다. 이웃에 사는 점쟁이 할머니가 새댁 아주머니 집에 차도 있고 재산도 있다고 하니 사람들은 너도 나도 선을 보려고 했다. 그렇게 해서 만철이 아저씨에게 시집을 오게 된 것이다. 그 당시 새댁 아주머니 친정아버지는 버스 정비 공장에 다녔다고 했다.

만철이 아저씨는 툭하면 손찌검을 했다. 언젠가는 새댁 아주머니 집에 갔다가 그 동네 할머니들이 "아이구, 우리 며느리 할라고 했는데."라는 말을 듣고 와서는 또 때렸다.

새댁 아주머니의 눈에 친정아버지의 모습이 눈에 어른거렸다. 딸을 좋은 곳으로 시집보내지 못하는 아버지는 소리 죽여 울었다. 아버지는 사람들을 피해 이 방에서 울고 저 방에서 울었다. 산동네로 올라가는 딸에게 꼬깃꼬깃 간직하고 있던 돈 이만 원을 건넸다. 그리고는 또 울었다.

비는 '쏴아' 하는 소리를 내며 더욱더 세차게 내렸다. 비는 새댁 아주머니의 울음소리를 삼켜 버렸다.

마당에 있는 평상에 두 처녀가 빨래 다듬이질을 하면서 이야기를 나누고 있었다.

"우리 나중에 어떤 사람 만날까?"

"너는 가난해도 행복하게 해주는 사람이 좋아? 아니면 행복하지 않아도 부자가 좋아?"

"난, 가난해도 행복하게 해주는 사람이면 좋겠어."

"아냐, 나는 부자도 되고 싶고, 행복하게도 살고 싶어."

"얘, 그런 게 어디 있니? 욕심도 많게. 하나만 해."

두 처녀는 깔깔거리면서 웃었다. 다듬이질하는 소리가 더욱 더 요란해졌다.

새댁 아주머니가 시집오기 전 여름날 어느 한낮에 있었던 친구와의 일이었다.

미움을 벗고 사랑으로

 웃천막에서 조금만 아래로 내려가면 아래 천막이라는 동네가 있었다. 아래 천막은 웃천막과 사는 형편이 별로 그렇게 크게 차이는 나지 않지만 그래도 집 모양을 갖춘 집들이 꽤 많았다. 그런 집들은 제법 부엌도 따로 있었고, 크지는 않지만 큰 방이며 작은 방이 갖추어져 있었다. 사람들은 웃천막처럼 공중변소를 이용하지 않았고, 비록 냄새는 나지만 화장실도 집 한편에 가지고 살았다.
 아래 천막은 웃천막이 생기기 전부터 있었다. 그러나 사람들이 갑자기 많아지면서 아래 천막도 복잡해지기 시작했다. 사람들은 작은 터만 있으면 집을 지었다. 하룻밤만 자고 나면 집이 여러 채가 지어져 있었다. 나중에는 멀리서 보면 꼭 기차가 가는 것처럼 보였고, 산이지만 나무 한 그루 보이지 않는, 집만 빼곡하게 들어서 있는 산동네였다.

해질 무렵이 되자 여기저기 굴뚝에서 저녁을 짓느라 연기가 뭉실 뭉실 피어올랐다. 연탄으로 밥을 하기도 어려운 때라 대부분의 집에서는 '갈비'라고 하는 마른 소나무 잎들을 불쏘시개로 해서 불을 피웠다.

그때 검은색 지프차가 한 대 아래 천막 동네로 올라왔다. 차는 한눈에도 공무원이 타고 다니는 차라는 것을 알 수 있었다. 사람들의 시선이 차로 몰리는 순간 차에서 공무원쯤으로 보이는 사람이 내렸다. 사람들은 무슨 영문인지 몰라 가까이 다가가지 못하고 멀찍이 서서 지켜보았다.

그 사람은 고개를 들어 잠시 동네를 아래위로 한번 훑어보다가 어느 집 앞으로 걸어갔다.

"주인 있소?"

"주인 있소?"

"……."

그가 큰 소리로 두어 번 부르자 머리에 하얀 수건으로 머리를 동여맨 분남이 아주머니가 나타났다.

"무슨 일이지예?"

분남이 아주머니는 무슨 영문인지 몰라 눈을 동그랗게 뜨고 있었다.

"아줌마! 여기에 집을 지으면 안 된다는 것 몰라요? 무허가란 말이요. 무허가."

그 사람은 다짜고짜 화를 내며 언성을 높였다.

"예? 그런 말은 못 들었는데예. 무허가가 무슨 말입니꺼?"

"여기는 시유지라서 무허가로 집을 지으면 안 된다 말입니다. 알겠어요?"

분남이 아주머니는 아닌 밤에 홍두깨라는 표정으로 놀란 얼굴을 했다.

"여기 이 동네 사람 사람들 다 그렇게 사는데에. 어데 우리만 그래 삽니꺼? 한번 보이소."

그렇게 말하면서 분남이 아주머니는 한번 살펴보라는 듯이 동네를 한 바퀴 빙 둘러 쳐다봤다.

주위에는 언제 사람들이 모였는지 많은 사람들이 구경을 하고 있었다. 그러나 아무도 분남이 아주머니 편을 들어주는 사람은 없었다. 도리어 그 공무원과 눈을 마주치지 않으려고 눈을 피했고, 뒤돌아서서 모르는 체하는 사람들도 있었다.

"아, 태봉이 아저씨 말 좀 해주소. 우리만 그래 사요? 아니라고 말 좀 해주소!"

"형식이 아버지요, 말 좀 해주소."

"영숙이 엄마, 말 좀 해주소. 어데 우리만 그래 사요?"

분남이 아주머니는 울었다. 이웃이라고 생각했는데 모두들 모르는 체하는 것이 슬펐다. 내 일이 아니라고 모두들 구경만 하고 있는 것이 야속했다. 말이라도 해주면 괜찮을 텐데, 너무 하다는 생각이 들었다. 언제 왔는지 작은 아이 둘이 아주머니의 치맛자락을 붙잡고 같이 울었다.

"철거되지 않으려면 어서 빨리 만이천 원 내 놓으소. 어서요."

"아저씨, 제발 좀 봐 주이소. 얘들 둘 데리고 근근이 사는데 내가 무슨 돈이 있겠소."

분남이 아주머니는 무릎을 꿇고 손으로 싹싹 빌었다. 눈 뜨고는 보지 못할 광경이었다.

그때였다. 구경하고 있는 사람들 사이로 옥자 아주머니가 불쑥 나섰다.

"아저씨! 여기 만이천 원 있으니까. 받으소."

놀란 것은 구경하는 사람들뿐만 아니라, 울고 있던 분남이 아주머니와 돈을 내 놓으라고 협박하던 사람이었다.

"여기 돈 있으니까 어서 받아서 가소. 그라고 여기 아줌마 말대로 여기는 그런 사람들 집이 천지요. 돈 받으려고 하면 다 받으소. 괜히 애들 데리고 혼자 산다고 얕보지 말고."

"아니, 내가 무슨……."

그 사람은 무슨 말을 하려고 하다가 옥자 아주머니의 기세에 겁이 났는지 말끝을 흐렸다.

그리고는 비탈길을 내려가서 차를 몰고 구불구불 언덕길을 내려갔다.

사람들은 그때서야 욕을 해대기 시작했다.

"에이 나쁜 사람, 못사는 사람들 좀 봐 주면 어때서……."

"천하에 나쁜 인간, 에이."

사람들은 너도나도 한 마디씩 입을 거들었다. 그러나 이미 일은 다 끝난 뒤였다. 약한 사람들은 늘 그렇게 뒤에서 말을 쏟아냈다.

그런데 뒷일을 어떻게 알 수 있을까. 비탈길을 덜컹거리며 내려가던 차가 그만 길 옆 고랑에 빠져 버린 것이다. 좁은 길이라 연탄을 싣고 올라오던 트럭도 가끔은 차가 빠져서 애를 먹었는데 똑같은 일이 벌어지고 만 것이다. 사람이 다치지 않은 게 천만 다행이었다. 그런데 문제는 차를 끄집어 낼 방법이 없는 것이다. 차에 내려서 이리저리 차를 살펴보지만 딱히 방법이 없었다. 낭패였다. 도와 줄 사람도 없었다. 방금 경을 치고 내려왔던 아래 천막에 가서 사람들에게 부탁해보고 싶어도 그렇게 할 처지도 못 되었다. 너무 했는가 싶기도 하였다. 고개를 들고 아래 천막을 올려다보지만 사람들은 언덕에 가려 보이지 않았다.

그렇게 기다리면서 얼마쯤 시간이 흘렀을까 아래쪽에서 사람들 소리가 나는가 싶더니만 사람들 얼굴이 불쑥 길 위로 나타났다.

그 순간 서로 얼굴이 마주쳤다. 올라오던 사람들은 무슨 일인가 궁금했다.

"어? 무슨 일인교?"

"아무 일 아입니더."

차 주인은 말을 대충 버무릴 뿐 말을 하지 못했다.

그때 고랑에 빠져 있는 차가 사람들 눈에 띄었다.

"어? 차가 고랑에 빠졌뿐네. 우짜노"

"우짜다 이래뿐는교?

"허허 큰일 났네, 우짜몬 좋노."

사람들은 고랑에 빠진 차를 이리저리 살펴보았다.

"어디 다친 데는 없소?"

사람들은 걱정이 되는 듯 그 사람을 살폈다. 다행히도 다친 데는 없는 것을 확인하고는 안심하는 눈치였다.

"자! 여기 다들 모여 봐요. 고랑에 들어가서 차를 들어 올리면 될 것 같으니까 우리가 차를 들어 올립시다."

사람들은 말이 떨어지기가 무섭게 기다렸다는 듯이 모두들 바지를 걷고 고랑으로 들어갔다. 무릎 아래까지 차는 고랑은 물과 쓰레기로 섞여서 더러워져 있었다. 사람들은 고랑에 들어가기를 주저하는 듯했지만, 이내 모두들 고랑 물에 첨벙 하고는 발을 담갔다.

"자, 내가 하나 둘 셋 하면 다 같이 듭니다. 알겠죠."

"자, 하나! 둘! 셋!"

"영차! 영차! 영차!"

사람들이 차를 들어 올렸다.

"자, 좀 더 힘을 내요! 좀 더!"

"영차! 영차!"

크고 시커먼 차가 조금씩 들려지기 시작했다. 사람들의 목에 힘을 쓰느라 굵은 핏줄이 새겨졌다. 그리고 그렇게 몇 분을 애쓰자 마침내 차가 고랑 위로 올려졌다. 사람들의 얼굴에서 땀이 비 오듯 쏟아졌다. 등에도 땀이 흥건했다. 발은 더러운 오물로 덮여 있었다. 그런데도 아무도 불평하는 사람은 없었다. 마치 당연한 일을 한 듯한 표정들이었다.

"고맙습니다. 고맙습니다."

차 주인은 고개를 숙이며 연신 고맙다는 말을 계속했다.

"조심해 가시오. 다음에는 빠지지 말고."

"예, 예."

차가 비탈길을 안전하게 내려가는 것을 확인한 후에야 사람들은 다시 발걸음을 옮겼다.

"뭐라꼬? 방금 내려간 사람이 무허가 단속하러 나온 사람이라꼬?"
사람들은 동네에 이르러서야 그 차가 왜 거기에 있었는지 알 수 있었다. 더러운 고랑 물에 발을 담구면서 들어 올렸던 차가 무허가 단속을 나온 차라는 사실을 알게 되었다. 돈을 만이천 원이나 뜯어 간 사람이 그 차의 주인이었다. 진작 알았으면 도와주지 않았을 건데 하는 생각이 들었다. 다음에 만나면 혼을 내 주겠다고 사람들은 벼르고 있었다.

그때였다. 그 모습을 지켜보고 있던 할아버지 한 분이 나서서 말씀하셨다.

"아, 그러지 마. 어려운 사람이 있으면 누구든지 도와야제? 도와줘야 할 사람이 어디 따로 있는가? 그러지들 말어."

사람들은 아무 말도 못 했다. 그 사실을 알았다고 하더라도 했어야 할 일이었기 때문이었다.

"뭣들 하나 어여들 집으로 들어가지 않고?"
사람들은 할아버지의 호통을 뒤로 하고 각자 자기 집으로 향했다.

며칠이 지난 이름 아침이었다. 분남이 아주머니가 밥을 하려고 방문을 열고 부엌에 들어서니 밥솥 옆에 흰 봉투가 놓여 있었다. 그리고 그 곁에는 귀한 쌀가마가 놓여 있었다.

"아주머니, 미안합니다. 용서해 주십시오. 여기 받아간 돈 다시 돌려 드립니다. 다시는 이런 일이 없도록 하겠으니 안심하고 지내십시오. 동네 사람들에게도 전해 주십시오."

편지 봉투 안에는 편지와 함께 돈 만이천 원이 가지런히 들어 있었다. 분남이 아주머니는 그것이 며칠 전 무허가 건물을 단속하러 나왔던 사람이 두고 간 것이라는 것을 알 수 있었다. 뭐라고 말할 수 없는 감동이 밀려왔다. 눈시울이 적셔졌다. 부뚜막에 걸터앉아 한동안 가만히 편지를 들여다보았다. 그 사람을 미워했던 마음이 눈 녹듯이 녹아내리고 있었다. 입에서 말이 흘러 나왔다.

"고맙습니다."

분남이 아주머니는 나지막하게 울고 또 울었다.

할아버지는 동네 사람들에게 인생을 가르쳤다. 미움과 증오와 피해로 얼룩져 있는 사람들의 마음을 "우리까지 그렇게 살아서야 되겠는가?"라는 말씀으로 스스로를 돌아보게 하셨다. 동네 사람들은 며칠이 지나자 그 사람을 '참 좋은 사람'이라고 말하기 시작했다. 알고 보면 그도 좋은 사람이었던 것이다. 사람들은 계산하면 아무것도 할 수 없다는 것을 깨달았다.

엄마 엄마, 우리 엄마

혜숙이가 학교 수업을 마치고 집으로 오니 엄마가 보이지 않았다. 엄마는 남동생을 낳은 후부터 앓기 시작했다. 이 병원 저 병원을 다 돌아다니고, 용하다는 점쟁이를 불러 굿을 하고 했지만 낫지를 않았다.

"아버지, 엄마 어디 갔어요?"

"엄마 외할아버지 집에 갔다. 오래 있어야 올 거다."

"······."

엄마는 최근에 외할아버지 집에 가는 일이 잦았다. 집에서 제대로 간호를 못 하니 외할아버지 집에 가신 것이다. 혜숙이는 가방 속에 들어 있는 육성회비 봉투가 생각이 났다. 선생님이 내일까지 돈 오백 원을 가지고 오라고 했는데, 엄마가 없어서 걱정이었다. 엄마가 있어도 돈이 없다고 말씀하실 게 뻔했다. 그런 날이 많았다. 일곱 살짜리 남동생이 집 마당에서 놀다가 혜숙이를 발견하고는 쪼르륵 달려와서 책가방을 받았다. 여동생 순옥이는 어디 놀러 갔는지 보이지 않았다.

　엄마가 집에 계실 때면 학교에서 돌아오자마자 방 안에 누워 있는 엄마를 찾아 팔을 주물러 드렸다. 그럴 때마다 엄마는 "아이고 시원하다." 하시면서 기쁜 표정을 지으셨다. 혜숙이는 누워 있는 엄마를 위해 머리 이도 잡아 드리고, 빗으로 머리도 빗어 드렸다.

　"혜숙아. 나중에 내가 죽거든 새엄마 만나서 잘살아야 돼."
　"엄마, 그게 무슨 말인데. 그런 말 하지 마라."
　혜숙이는 엄마가 죽는다는 것을 꿈에도 생각하지 않았다. 엄마가 오래 병을 앓고 누워 있지만, 죽을 것이라는 것은 생각지도 않았다. 언젠가는 꼭 일어나실 것이라고 믿었다. 그러던 어느 날 가슴 아픈 일이 일어났다. 남동생이 죽은 것이다. 어제 저녁까지 잘 놀았는데, 다음 날 아침에 갑자기 경기를 일으키더니만 죽었던 것이었다. 가슴 아픈 일이었다. 온 식구가 상심에 싸였다. 순경이 오고 동네 사람들이 모이더니 작은 나무곽에 동생을 넣고서 뒷산 공동묘지에 가서 묻었다.

　엄마는 며칠을 계속해서 울었다. 장롱을 정리하면서 동생 옷이 나오자 또 우셨다. 묘에 찾아가서도 울고, 나중에는 울 때마다 목에서 쉰 소리가 나왔다. 그러더니 며칠이 지나지 않아 엄마가 돌아가시고 말았다. 사람들은 화병이라고 했다. 남동생 때문에 상심이 커서 돌아가신 것이라고 했다. 혜숙이는 엄마가 만들어 준 교복으로 얼굴을 가리고 울었다. 여동생 순옥이도 눈물을 흘리며 울었다. 작은 손으로 눈물을 훔치며 울었다. 어린 나이에 두 번씩이나 울었다.

"엄마, 불쌍한 우리 엄마, 인제 가면 언제 오요."

죽지 않을 것이라고 믿었는데, 남동생이 죽고 얼마 되지 않아 엄마마저 돌아가시자 슬픔은 더 컸다. 동네 사람들이 모여서 울었다. 착하다고 소문났던 엄마였다. 아프지 않을 때에는 동네 사람들 일을 도우며 살았다. 엄마가 돌아가시자 온 동네가 숙연해졌다.

엄마가 돌아가시고 난 지 두 달 만에 새엄마가 들어왔다. 누구 아는 사람 소개로 아버지는 새엄마를 만나서 집에 들이게 되었던 것이다. 새엄마는 혜숙이보다 나이가 적은 딸을 데리고 왔다.

어느 날 아버지가 혜숙이를 불러서 이야기를 하였다.

"혜숙아, 부잣집에 가면 공부도 시켜 주고, 배도 고프지 않게 해준단다. 부잣집에 갈래?"

눈에서 눈물이 났다. 남동생도 죽고 엄마도 돌아가셨는데 이제 아버지하고도 헤어져야 한다고 생각하니 눈물이 앞을 가렸다.

"……."

아버지는 말없이 담배를 태우면서 오래도록 허공만 바라보고 계셨다.

집에서 밥을 하고 우물에서 물을 떠다가 독에 붓는 것은 어린 혜숙이 몫이었다.

새벽에 일찍 일어나 아침밥을 짓느라 나무 장작을 때는데 불이 잘 붙지를 않았다. 매캐한 냄새만 날 뿐 불이 붙지를 않았다. 눈물 콧물을 흘리면서 나무에 불을 붙이고 있는데 난데없이 고함 소리가 들렸다.

"뭐 한다고 아직도 불을 못 붙이고 있어?"

앙칼진 새엄마의 목소리가 들렸다. 그러더니 주먹으로 머리를 쥐어박고 뺨을 이쪽저쪽으로 사정없이 쳤다. 혜숙이는 울지도 못했다. 그냥 때리는 대로 서서 맞기만 할 뿐 아무것도 하지 못했다. 눈물이 글썽거렸다.

동네 아이들이 놀렸다, 새엄마가 육성회비를 주지 않아 학교에서 퇴학을 당한 것이다. 새엄마는 혜숙이가 학교에 다니지 못하는 것은 안중에도 없었다. 아버지가 집에 없을 때면 시내로 놀러 다니기에 바빴다. 영화를 보러 다니고, 술 먹고 장구치고, 집에 와서는 혜숙이가 잘못한 것이 있으면 또 때렸다. 어느 날은 금반지를 낀 손으로 얼굴을 맞아 입술이 터지고 코피가 나기도 했다.

산동네에서 시내까지 걸어서 장을 보러 다녔다. 메주콩을 두 말이나 머리에 이고 올라오면 한동안 고개를 들지 못했다. 우물에서 스무 동이나 물을 길어 빈 독을 채워야만 했다. 그러다 보니 몸살이 자주 났다. 머리가 아파서 약을 먹었는데 너무 많이 먹었던 모양이었다. 힘이 하나도 없고 기력이 없었다. 집에서 난리가 났다. 놀란 아버지가 혜숙이 친구들을 불렀다. 이웃들을 불렀다. 의사가 오기도 하였다. 이웃 아주머니들이 찾아왔다. 아주머니들은 혜숙이가 보기에 안 되었던지 울었다.

엄마 없는 서러움은 동생 순옥이도 마찬가지였다.

"언니 배고파……."

아침에도 동네 아주머니들을 따라 뒷산에 올라가서 캔 나물을 국수에 넣고 끓여서 간신히 먹었는데, 집에는 아무것도 없었다. 배가 고파서 물이라도 먹으면 배가 부를까 싶어서 물을 먹어보지만 물이 넘어가지 않았다. 몇 모금 못 마시고 그만두고 말았다.

혜숙이는 순옥이를 데리고 동네 구멍가게를 찾아갔다.

"아주머니 나중에 돈 드릴게요. 고구마 이백 원어치만 외상으로 주세요."

삶은 작은 고구마가 서너 개씩 무더기를 이루어 나무판자 위에 올려 있었다.

동네 사람들은 모두가 다 아는 사이라 외상을 쉽게 할 수 있었다. 벌써 가게 외상 장부에 '혜숙이네'라고 쓰인 칸에 연필로 몇백 원이 쓰여 있었다. 그것도 혜숙이가 갚아야 할 돈이었다.

혜숙이는 고구마를 들고 골목길로 가서 동생에게 먹였다.

"언니, 언니는 안 먹어?"

"됐어. 많이 먹어."

혜숙이는 고구마를 받아 들고 허겁지겁 먹는 동생을 바라보았다. 얼마나 배가 고팠을까. 엄마가 계셨으면 그러지 않았을 텐데, 혜숙이 배에서도 꼬르륵 하는 소리가 들렸다. 배를 불룩하게 내보지만 입에서 헛 트림만 나올 뿐 배는 더 고팠다.

시내로 일하러 다니느라 바쁜 사람들은 물동이로 물을 나르는 일을 다른 사람들에게 맡겼다. 물을 이백 동이 나르면 이백 원을 주었다. 아기를 낳은 집에서는 한 달 동안 아기 목욕을 씻겨 주면 돈 오천 원을 주기도 했다. 마음씨 좋은 사람들은 밥도 주고 된장도 주고 김치도 주었다. 혜숙이는 그렇게 받은 돈으로 외상값도 갚고 쌀도 사고 반찬도 샀다. 아버지는 일을 하러 다니기는 했는데, 돈을 주지 않았다. 며칠씩 집을 비우는 것이 예사였다. 새엄마도 집안일에는 관심이 없었다. 요란하게 화장을 하고 집을 나가서는 저녁이 되면 술 냄새를 풍기면서 집으로 들어왔다.

동생 순옥이를 물끄러미 바라보고 있는데 뒷집 골목에서 "머리카락 파소." 하는 소리가 들렸다. 가끔 적당한 때가 되면 머리카락을 사러 다니는 아저씨가 있었다. 사람들은 머리카락이 긴 아이들의 머리카락을 잘라서 돈을 받고 팔기도 했다.

찰랑거리는 동생 순옥이의 머리카락이 눈에 보였다. 가늠할 수는 없지만 얼추 이십 센티는 되어 보였다.

"순옥아, 우리 머리카락 잘라서 팔까?"

순옥이가 눈을 동그랗게 뜨고 혜숙이를 바라보았다.

"우리 머리카락 팔아서 맛있는 거 사 먹자."

"응."

골목길을 돌아서 가니 저 앞에 머리카락 장수가 보였다.

"아저씨! 여기 머리카락 팔아요."

순옥이는 눈을 끔뻑이면서 가만히 머리카락을 자르는 것을 지켜보았다. 순옥이의 예쁜 머리카락이 삭둑 하는 가위 소리에 몇 번에 잘리었다.

"자, 여기 이천오백 원이다. 오백 원 더 인심 썼다."

머리카락 장수 아저씨는 아주 후한 인심을 쓴 것처럼 하고는 다시 골목 길로 사라졌다.

"머리카락 파소! 머리카락 사요!"

엄마 생각이 났다. 엄마는 살아계실 때 시간이 나실 때마다 순옥이의 머리카락을 정성스럽게 예쁘게 땋아주셨다. 머리카락에 콩기름도 바르시면서 한 올 한 올 정성스럽게 땋으셨다. 순옥이 머리카락을 잘라서 판 돈으로 국수를 삶아서 상 위에 올려놓고 먹지를 못했다. 동생을 잘 간수하지 못한 것만 같았다. 엄마가 계셨으면 뭐라고 하셨을까. 엄마 같으면 순옥이의 머리카락을 자르지 않았을 것이다. 엄마도 살아 계셨을 때 많이 굶으셨다. 그렇지만 여동생 순옥이의 머리카락은 손도 대지 않으셨다. 눈물이 볼을 타고 흘러 내렸다. 엄마가 보고 싶어졌다. 국수를 먹고 있는 순옥이 모르게 혜숙이는 엄마를 불렀다.

'엄마 엄마, 우리 엄마 어데 계세요.'

짠 눈물이 입안으로 들어왔다. 눈물 사이로 환하게 웃으시는 엄마의 모습이 보였다.

인왕(仁王 3)

 산사 처마 밑에 달린 풍경이 바람에 딸랑거렸다. 법당 안에서 스님이 목탁을 두드리며 불경 읽는 소리가 담을 넘어 왔다.

 "딱 딱 딱 딱."

 몇 시간 전부터 절간 뒤에서 망치질하는 소리가 요란했다. 그 소리는 마치 석수장이가 돌을 다듬을 때 나는 소리처럼 스님이 읽는 불경 소리와 어울려 묘한 조화를 이루고 있었다.

---

3) 불탑 또는 사찰의 문 양쪽을 지키는 수문신장(守門神將)으로 흔히 금강역사(金剛力士)·이왕(二王)·이천왕(二天王) 등으로도 불리며, 사문(寺門)의 양쪽, 불전의 입구, 불상의 좌우, 탑의 문 등에 한 쌍으로 된 조각이나 그림으로 흔히 보인다. 〈두산백과〉

바위 위에 걸터앉아서 열심히 바위를 쪼고 있는 사람의 얼굴이 아주 진지해 보였다. 손에 잡은 정과 망치는 한 치의 오차도 없이 똑같은 소리를 내며 바위를 뚜드리고 있었다.

"상호야! 니 거기서 뭐 하노."

언제 나오셨는지 스님이 나와 계셨다.
"아, 예……."
상호 삼촌은 무엇을 크게 들킨 모양으로 엉거주춤한 자세를 하며 자리에서 일어났다.
"이기 뭐꼬?"
스님의 눈에 '박, 상, 호'라고 크게 새겨진 바위가 보였다.
"니 지금 니 이름 팠나?"
"……."
상호 삼촌은 고개를 숙인 채 아무 말도 못 했다. 스님이 크게 화내실 것처럼 느껴졌다.
"여기 이름은 뭐 한다고 새기는데?"
"누가? 여기에 니 이름 새기라 하더노?"
스님은 영문을 모르겠다는 표정으로 상호 삼촌을 쳐다보았다.
상호 삼촌은 아무 말도 생각나지 않았다. 잘못하고 있다는 것을 알면서도 말이 나오지 않았다.

어제 낮의 일이었다. 상호 삼촌 친구가 이야기를 해주었는데, 동네 뒤에 독수리 바위에 사람 이름이 새겨져 있는데, 거기에 이름이 새겨진 사람이 크게 성공했다는 이야기였다. 산에 다니다 보면 바위에 이름이 새겨진 사람들은 모두 큰 부자가 되었다는 이야기였다.

"니도 한번 해 봐라."
"아무도 없을 때 가서 해야 된데이. 그래야만 더 잘된다고 하더라."
"에이, 거짓말."
"진짜라니까. 내 말 듣고 한번 해 봐. 밑져봤자 본전 아이가."

나무를 하러 산에 가면 큰 바위가 있었는데, 바위마다 사람들 이름이 새겨져 있었다. 어떤 이름은 한글로, 어떤 이름은 한문으로 이름이 새겨져 있었다. 그냥 아무렇지 않게 생각했는데, 친구의 말을 들어보니 그럴 것도 같았다. 어디에 사는지는 모르지만 바위에 이름이 새겨진 사람들은 잘살고 있을 것 같았다. 부자도 있을 것 같았다.

"말하지 못하는 바위라고 이렇게 하면 못 쓴데이."
"빨리 지워버리라."
스님은 마치 상호 삼촌의 생각을 알고 있는 것처럼 보였다.
스님과 눈이 마주치자 눈을 피했다.
바위를 쳐다보니 '박 상 호'라고 새겨진 바위가 눈에 들어왔다.
"이렇게 하면 산신령님이 노하실지 몰라."

"얼른 지워 버려라."

"……."

스님은 상호 삼촌을 한동안 가만히 쳐다보시다가 '으흠' 소리를 내시고는 뒤 돌아서서 절로 내려 가셨다.

그제야 상호 삼촌은 긴장이 풀렸다. 입에서 휴우 하고 한숨이 나왔다. 몇 시간 동안 판다고 고생했는데 다시 메우려고 하니 기가 안 찼다. 지워지지 말라고 다른 사람들보다 더 깊게 판 게 후회되었다. 언제 저것을 다 메울지 몰랐다.

'스님 말대로 정말로 산신령이 노하실까?'

슬쩍 절 입구에 있는 '인왕'을 쳐다보았다. 인왕은 금방이라도 튀어 나올 것 같은 두 눈으로, 입을 쩍 벌리고, 큰 칼을 든 채로 상호 삼촌을 쳐다보고 있었다. 지금까지 상호 삼촌이 하고 있는 것을 다 보고 있었을 것 같았다. 금방이라도 칼을 휘두르면서 달려 올 것 같았다.

"똑 똑 똑 똑."

목탁 소리가 다시 들렸다. 스님이 외우시는 불경 소리가 다시 산자락을 물들이기 시작했다. 느리지도 않고 빠르지도 않고 스님의 목소리는 사람의 마음을 조용하게 만들었다.

"딱 딱 딱 딱."

상호 삼촌은 다시 바위를 두드렸다. 땅거미가 질 때까지 소리는 산을 떠나지 않았다. 인왕이 노을에 붉게 물들어 갔다. 대나무 밭 사이로 대나무 잎이 우수수 하고 바람에 흩날렸다.

산은 말은 하지는 않지만 많은 것을 느끼게 한다. 어떻게 살아야 하는가를 알고 싶으면 소나무 아래에서 귀를 기울이면 된다. 조용한 마음만 있으면 모든 말을 들을 수 있다. 웃천막 사람들은 산사에서 들려오는 목탁 소리와 스님의 불경 소리를 들으며 마음을 정돈했다.

가난한 돈

"아주머니 여기 도나스(도넛) 이백 원어치만 주세요."

방금 만든 도넛은 설탕이 알맞게 묻어 있었고, 폭신폭신하고 말랑말랑한 게 보기만 해도 입에서 군침이 돌았다. 옆에서 보고 있던 아들 상욱이가 군침을 삼켰다. 먹을 것이 부족하고 군것질할 것도 별로 없던 때라 어른들이고 아이들이고 할 것 없이 먹을 것이 있으면 참지를 못했다.

"엄마, 하나만 주면 안 돼?"

옆에서 눈치를 살피던 상욱이가 더 이상 참지 못하겠던지 고사리 같은 두 손을 비비면서 애원을 했다. 한참 먹을 나이였다.

"엄마, 딱 하나만 줘. 진짜 안 달라고 할게. 정말"

상욱이는 애원하다시피 하면서 엄마에게 매달렸다.

"조금 있다가 도나스 다 팔면 맛있는 것 사줄게. 그때까지 조금만 기다려."

애원하는 것은 엄마였다. 상욱이의 마음을 엄마가 왜 모를까.

그러자 상욱이가 입을 삐죽거렸다. 상욱이 눈에 눈물이 맺혔다. 아니나 다를까 금세 닭똥 같은 눈물을 주르륵 흘렸다.

"또?"

엄마가 언성을 높이자 상욱이는 손으로 눈물을 훔치며 고개를 떨어뜨렸다.

상욱이 마음을 모르는 게 아니다. 돈이 없으니 마음껏 주지 못하는 게 미안하고 가슴 아플 뿐이다. 배부르게 먹이고 싶은 마음이 왜 없을까? 그깟 도넛 하나 얼마 한다고 먹이지 못할까. 등에 업힌 혜주는 아무것도 모른 채 입을 다시며 잠자고 있었다. 혜주가 봤으면 오히려 오빠보다 더 달라고 떼를 썼을 것이다.

상욱이 엄마는 도넛이 담긴 다라이(커다란 대야, 함지박)를 머리에 이고 혜주를 등에 업은 채로 상욱이 손을 잡고 걸어가기 시작했다. 방금 도넛을 판 시장에서는 도넛 가게 때문에 팔리지 않을 것 같았다. 걸어서 삼사십 분 떨어진 거리에 있는 시장에 가서 장사를 하기로 했다.

시장 안은 북새통이었다. 장사하는 사람과 장을 보러 온 사람들로 꽉 차 있었다. 가게가 없이 난전에 앉아서 장사하는 사람들은 서로 어깨를 겹칠 정도로 비좁게 앉아서 장사를 하고 있었다. 상욱이 엄마는 시장 안 이 골목 저 골목을 기웃거리며 장사할 자리를 찾았지만 자리를 찾지 못했다.

"아줌마, 여기 좀 앉아서 장사하면 안 될까예?"

겨우 장사할 만한 자리를 발견하고 앉아서 장사하는 아주머니에게 물었다.

"아, 좁은데 어디서 장사한단 말이오. 안 돼요, 안 돼."

매몰차게 안 된다는 말이 돌아왔다.

'자기 땅도 아니면서…….'

너무 하다는 생각이 들었다.

'어려운 사람끼리 같이 좀 장사 하면 어때서, 인정머리 없는 여편네같이…….'

등에 업혀 자는 혜주의 몸이 옆으로 축 늘어져 어깨를 더욱 무겁게 했다. 상욱이도 혹시라도 엄마를 잃어버릴까 봐 바짓가랑이를 붙잡고 있을 뿐 말이 없었다.

'어디서 좀 장사를 해야 될 건데…….'

얼마큼 돌아 다녔을까. 차가 다니는 큰 길 아래 육교가 눈에 들어왔다. 아주머니들이 앉아서 장사를 하고 있었지만 한 사람 정도 더 장사해도 될 만한 공간이 보였다.

"아주머니, 여기서 좀 장사해도 되겠어예?"

손님을 부르며 장사를 하던 아주머니가 상욱이 어머니를 쳐다보았다. 작은 조그만 체구에 잠자고 있는 여자 아이를 업고, 남자 아이는 하나 걸리면서 자리를 물어 보는 아주머니가 보기에 딱해 보였던 모양이다. 앉아 있던 자리에서 좌판을 옆으로 조금 비키면서 자리를 넓혀 주었다.

"고맙스니더. 고맙스니더."

고맙다는 말이 저절로 나왔다. 까딱했으면 하루 종일 돌아다니며 장사를 할 것처럼 느껴졌기 때문이었다.

"도나스 사이소! 도나스 사이소!"
"한개 사십 원입니더, 도나스 사이소."

목소리가 나오지 않았다. 장사라고는 생전 처음이었다. 다른 장사 하는 아주머니들처럼 크게 손님을 부르고 싶지만 마음대로 되지 않았다. 이마에 땀이 송골송골 맺혔다. 그러자 옆에서 장사하던 아주머니가 타박을 했다.

"아, 그렇게 해서 언제 이 많은 것 다 팔겠어. 크게 해요, 크게."
"뭐가 그렇게 부끄러워서."
"예……."
"도나스 사이소! 도나스 사이소!"

부끄럽다는 생각을 안 하니 목소리가 커졌다. 신기하다는 생각이 들었다. 용기를 내서 다시 해 보았다.

"도나스 사이소! 도나스 사이소."
"잘하네, 잘하구만은."

아주머니가 맞장구를 쳤다. 상욱이 엄마는 수줍은 듯이 웃으면서 부끄러운 표정을 지었다.

도넛을 몇 개 팔았는지 모른다. 상욱이 엄마는 도넛을 팔고 나면 몇 개가 남았는지 궁금해졌다. 손님이 가고 나면 도넛 숫자를 세고, 또 도넛을 팔고 나면 또 도넛 숫자를 세었다. 빨리 팔렸으면 좋겠다는 생각 때문이었다.

옆에 앉아 있던 상욱이는 엄마 눈치를 살필 뿐 도넛을 달라는 말이 없었다. 얼마나 먹고 싶을까 하는 생각이 들자 도넛 하나를 상욱이에게 건넸다. 그러자 얼굴 가득히 웃음을 지으며 손에 도넛을 받았다. 상욱이는 목에 꿀꺽거리는 소리까지 내며 도넛을 맛있게 먹었다. '진즉에 줄걸······.' 하는 생각이 들었다.

"아줌마, 도나스 열 개만 줘요."

한눈에 봐도 부잣집 아줌마 같은 사람이 도넛을 샀다.

"아줌마 조금 깎아 주면 안 돼요?"

"아이고 이거 하나 팔아봤자 몇 원밖에 안 남습니더."

"그러지 말고 조금만 깎아줘요."

"아이고 안 된다니까예."

"정말요?"

"아이고 와 그라십니꺼? 좀 봐 주이소."

"아, 그러면 그냥 두세요. 안 살래요."

비닐봉지에 도넛을 담던 상욱이 엄마의 손에 힘이 풀렸다. 다시 사정을 하기도 전에 부잣집 아주머니는 휑하니 돌아서서 돌아가 버렸다.

옆에서 지켜보던 아주머니가 욕을 쏟아냈다.

"망할 놈의 여편네, 도나스 하나 팔아서 얼마 남는다고 그걸 깎아 달라 그래."

"깎아 달라고 할 게 따로 있지, 에이 나쁜 여편네……."

화가 난 사람은 상욱이 엄마보다 옆에서 장사하던 아주머니였다.

하루 종일 앉아서 다 팔아봐야 몇백 원 남지 않았다. 도나스를 다 팔기도 어려웠다.

그날 저녁 상욱이네 식구들이 도넛 다라이를 한가운데 두고 모여 앉았다. 오늘 낮에 시장에서 팔던 도넛이 남아서 저녁 대신 먹기로 한 것이다. 제일 좋아하는 것은 상욱이였다. 맛있는 도넛을 그렇게 많이 배부르게 먹었던 적이 없었다. 입이 찢어질 정도로 입에 넣으며 연신 싱글벙글거렸다. 어린 딸 혜숙이도 큰 도넛을 입에 한가득 베물며 얼굴에 미소를 띠었다. 그날 저녁 상욱이네 가족은 모처럼 저녁을 배부르게 먹을 수 있었다.

바람아, 바람아

 남편이 집에 안 들어온 지가 벌써 삼 일이나 지났다. 일 갔다가 오겠다며 집을 나간 사람이 소식이 없으니 애가 탈 지경이었다.
 "남석이 아버지 왔어……?"
 아이들과 아침밥을 먹은 지 얼마 지나지 않아 동네에서 수다쟁이로 소문난 경자 아주머니가 집을 찾았다.
 "아직 안 들어왔는가 보네?"
 경자 아주머니는 빠른 눈으로 방안을 한번 휙 살펴보더니 순이 아주머니의 안색을 살폈다.
 "예, 아직 소식이 없네요……."
 순이 아주머니는 기어가는 목소리로 대답했다. 아침밥을 먹었지만 밥

맛이 없었다. 입 안이 꺼칠꺼칠하고 꼭 모래를 씹는 것만 같았다. 그냥 배만 채우면 되지 하는 생각에 찬 물에 꽁보리밥을 말아서 후루룩 마시고 말았다. 별다른 반찬이 있는 것도 아니었다. 네 살배기 남석이가 반찬 투정을 했지만 그냥 꽁보리밥에 간장과 참기름을 넣고서 비벼 주었다.

"혹시 무슨 일 있는 거 아녀?"

"예?"

"혹시…… 바람 같은 거……."

"아니에요. 남석이 아버지는 절대 그런 사람 아니에요. 그런 말씀 하시지도 마세요."

"그러면 왜 안 들어와? 남석이도 있고 마누라도 있는데. 안 그래?"

"며칠 동안 일이 바쁜 모양이죠, 뭐."

"글쎄……."

경자 아주머니는 미심쩍다는 표정으로 한참 동안이나 순이 아주머니의 얼굴을 살펴보았다.

경자 아주머니가 돌아간 후 순이 아주머니는 불현듯 작년 이때쯤에 있었던 일이 생각났다. 남석이 아버지가 시내에 있는 술집 여종업원을 좋아한다는 소문이 나서 한바탕 크게 홍역을 치른 일이 있었던 것이다. 아니라고 생각했지만 사실로 드러났을 때의 그 충격은 생각만 해도 끔찍했다. 온 동네에 소문이 나고, 한동안은 고개를 들고 다닐 수가 없었다. 아저씨는 정말 총각이라고 말해도 곧이들을 수 있도록 얼굴이 젊어 보였다.

'설마…… 아니겠지…….'

아닐 것이라고 생각했다. 그때는 몰라도 이번만큼은 아닐 것이야 하는 생각이 들었다. 그렇게 믿고 싶었다. 남석이가 멀뚱멀뚱한 눈으로 무슨 일인지 엄마를 뚫어지게 쳐다보았다.

쌀통에 쌀도 없고, 먹을 게 걱정이었다. 아주머니는 남석이까지 굶을까 봐 걱정이 들었다. 가만히 있다가는 식구가 굶을 것 같았다. 그보다는 남석이 아버지가 어떻게 지내고 있는가가 궁금했다. 정말로 경자 아주머니 말대로 바람을 피우고 있다면 큰일이었다. 아닐 것이라고 생각되지만, 사람 일은 모른다. 그때도 그랬다. 총각 때에도 바람기가 있었다는 말들을 많이 들었다. 결혼을 했지만 쉽게 고쳐지기 어려울지도 모른다. 그렇지 않으면 집으로 왜 오지 않을까?

마침 이웃에 남석이 아버지가 지금 다니는 공장에서 일을 했던 아주머니가 있었다. 길을 물어서 직접 찾아가보기로 했다. 종이에 그려준 약도를 들고 버스를 탔다. 처음 가는 길이라 어디가 어딘지 분간이 되지 않았다. 결혼을 하고 웃천막을 떠나 본 일은 거의 없었다. 결혼하기 전에도 걸어서 몇십 분 걸리는 가까운 곳에 살아서 지리를 잘 몰랐다. 버스 기사가 말한 곳에 내렸지만 다시 또 몇십 분을 걸어야만 했다. 남석이 아버지가 일한다는 공장은 큰 철길이 수십 가닥 엉켜 있는 철로변에 위치해 있었다. 철로에는 쉴 새 없이 석탄을 가득 실은 화차들이 느리게 움직이고 있었다. 조금만 방심하면 사고가 날 것 같았다.

가까스로 철길을 건너 마침내 남석이 아버지가 다니는 공장에 도착하였다. 공장 입구 수위실에 이야기를 하니 조금 기다리가고 해서 기다리는데 남석이 아버지가 화를 내면서 나타났다.

"와 여기까지 왔노?"

"집에 안 들어와서 걱정이 돼서 왔습니더……."

순이 아주머니는 반가운 마음이었지만, 남석이 아버지는 그렇지 않았다. 반가운 마음은 고사하고 오히려 화를 내고 있었다.

"사람들이 총각이라고 생각하는데 이렇게 찾아오면 우짜노?"

"예?"

"총각은 무슨 총각예?"

순이 아주머니는 남석이 아버지가 집에 들어오지 않은 이유를 알 것만 같았다. 설마 그럴까 생각했는데, 공장 사람들에게 총각으로 행세한다는 말을 듣는 순간 억장이 무너졌다. 믿었던 도끼에 발등을 찍히는 격이었다. 그렇지 않을 것이라고 생각했는데, 남석이 아버지 얼굴을 보고 반가운 마음이 들었는데, 총각이라니…….

"빨리 가라. 다른 사람들 보기 전에."

남석이 아버지는 순이 아주머니 손에 돈 이만 원을 쥐어주고는 뒤도 돌아보지 않고 행여나 다른 사람이 볼세라 주위를 살피며 휑하니 들어가 버렸다.

'얼굴을 봐서 기쁘게 생각했는데…….'

남석이가 아버지는 눈길만 한번 주고는 들어가 버렸다.

남석이는 아버지가 들어간 문을 쳐다보고 엉엉 울었다.

순이 아주머니는 집으로 돌아오면서 길거리에 앉아서 한참을 울었다. 지나가던 사람들이 힐긋 힐긋 쳐다보았다. 남석이도 엄마 손을 잡고 일어나라고 하며 같이 울었다. 울어도 울어도 눈물은 계속 났다.

웃천막을 올라오는 길에 꽃잎이 바람에 흩날리고 있었다. 하얀 꽃잎들이 눈부시게 빛났다. 꽃잎들은 바람을 따라 공중으로 높이 떠올랐다가 멀리 시내 쪽으로 흩어지며 내려갔다.

그 꽃잎을 바라보면서 순이 아주머니는 말했다.

"바람아, 바람아……."

며칠이 지나서 남식이 아버지가 집으로 돌아왔다. 예전에 같이 공장에 다니던 아주머니가 사람들에게 총각이 아니고, 아내도 있고 아이도 있다고 말해서 만나던 처녀와 헤어졌다고 했다. 그 일 때문에 그 아주머니와 남식이 아버지가 또 크게 다투었다. 순이 아주머니는 그 후 오랫동안 남식이 아버지 때문에 마음을 놓지 못했다. 어쩌다가 남식이 아버지가 집에 오지 않는 날이면 늘 그 일이 생각났다. 그럴 때마다 순이 아주머니의 생각은 늘 한결 같았다. '아닐 것이야.' 하는 생각은 변하지 않았다.

화차貨車

　진수는 어머니를 따라 동네 아주머니들과 같이 '곡수'[4]를 주우러 나섰다. 곡수는 기관차(증기기관차)에서 불을 피울 때 사용하는 연료인데, 사람들은 곡수를 다 태우고 버려 놓은 무더기에서 미처 타지 않은 곡수를 골라 집으로 가져가서 연료로 사용하거나, 시장에서 불을 피우며 장사하는 사람들에게 돈을 받고 팔기도 했다.
　곡수는 역전에서 멀리 떨어진 곳에 따로 모아져 있었다. 사람들은 곡

---
4) 해탄(骸炭)이라고도 하며, 코크스라는 말은 독일어 Koks에서 온 것이다. 회색을 띤 흑색이며, 석탄을 코크스로(爐) 안에 넣어 1,200℃의 온도로 가열하여 만든다. 금속성 광택을 지니고 있으며, 고정탄소가 주성분으로 회분(灰分), 휘발분을 약간 함유한다. 발열량은 1kg당 6,000~7,500kcal, 착화 온도는 400~600℃이다. 용도는 제철용, 주물용 등으로 쓰이며, 가정용 연료로는 값이 비싸고 불이 잘 붙지 않으며 잘 타지 않기 때문에 거의 사용하지 않는다. 〈출처 : 두산백과〉
(저자 주 : '곡수'라는 말은 '코크스(koks)'라는 말에서 나온 것으로 보인다.)

수를 구하기 위해 역무원들의 눈을 피해서 철길을 건너야만 했다. 살금살금 발소리를 내지 않고 허리를 숙이고 철길을 건너는 모습은 마치 아래 동네 만화방 텔레비전에서 본 포로수용소들이 철조망을 넘는 것처럼 가슴이 두근거리는 일이었다. 사람들의 마음은 급했지만 한꺼번에 다 뛰어가지 못했다. 몇몇 사람씩 나눠서 철길을 건너야만 했다. 가끔 역무원들이 멀리서 움직이는 것이 보일 때마다 철로변 자갈 바닥에 납작 엎드려 흐르는 땀을 닦지도 못하고 가만히 기다려야만 했다.

사람들은 숨을 멈추고 곡수 줍기에 바빴다. 언제 역무원이 나타날지 모르는 일이었다. 곡수를 주우면서도 사람들의 눈과 귀는 역무원이 있는 쪽으로 향했다. 타지 않은 곡수는 금방 알 수 있었다. 석탄처럼 보이는 곡수는 번쩍거리는 작은 점들이 촘촘히 있어서 쇠 빛이 났다.

동우 형이 곡수 무더기 위로 올라가서 발로 곡수 더미를 무너뜨리자 아래로 쏴아 하는 소리를 내면서 곡수가 쏟아져 내렸다. 사람들의 얼굴에 미소가 번졌다. 그 순간만큼은 어떤 것도 부럽지 않았다. 사람들은 마치 보물을 발견한 것처럼 곡수더미에서 곡수를 골라냈다. 그러면서도 혹시나 역무원이 그 소리를 듣지는 않았을까 하면서 연신 역을 살피기에 바빴다.

곡수를 고르느라고 손은 이미 새까매져 있었다. 얼굴도 땀을 닦느라고 검정으로 얼룩져 있었다. 분기 있던 어머니 얼굴에도 검정으로 얼룩져 있었다. 하얀 천으로 머리를 감싼 어머니 얼굴은 땀과 얼룩이 섞여 검은 땀이 흐르고 있었다. 가져간 자루에 곡수를 담는데 작은 손으로는 아무리 곡수를 담아도 자루는 불러지지 않았다. 어른들은 큰 손으로 한 번에 몇 개씩 곡수를 주어 담았지만 진수는 겨우 한두 개를 주워 자루에 담는 게 고작이었다. 진수는 어서 커서 어른들처럼 손이 컸으면 좋겠다고 생각했다. 키 높이 위의 곡수는 줍기가 힘들었다. 조금 위에 있는 곡수를 주우러 발을 위쪽으로 디디지만 곧 곡수더미에 미끄러져서 도로 제자리로 내려오고 말았다.

진수는 열심히 곡수를 줍고 있는 어머니 얼굴을 보면서 어머니보다 더 많이 주워야지 생각했지만 마음 같지 않았다. 다른 사람들보다 더 많이 곡수를 줍고 싶었다. 그래서 다른 사람들처럼 집에도 가져가고 또 다른 사람들처럼 시장에 단골로 팔러 다니는 집이 있어서 팔러 가기도 싶었다.

한꺼번에 사람들이 몰려들어서 곡수 더미를 파헤치자 곡수 더미에서는 더 이상 쓸 수 있는 곡수가 보이지 않게 되었다. 그러자 이번에는 철길을 따라 걸으면서 철길 주위에 떨어진 곡수를 줍기 시작했다. 긴 철길을 따라서 사람들이 걷기 시작했다. 마치 보물을 찾는 것처럼 사람들은 철길 곁을 걸었다.

"야! 여기 있다."

사람들은 큰 소리를 내지는 않았지만 기쁜 표정이 역력했다.

"여기도 있네,"

사람들의 입가에 미소가 퍼졌다.

한 개라도 귀한 때였다. 사람들은 더 많이 줍기 위해 더 많이 걸어야 했고, 더 많이 허리를 숙여야만 했다.

멀리서 딸랑 딸랑 소리를 내며 기차가 오는 소리가 들렸다. 사람들은 고개를 들고 비켜서서 기차가 지나가기를 기다렸다. 큰 기관차가 쉭 쉭 증기를 내뿜으며 사람들 앞을 지나갔다. 기관차 위에 앉아 있는 기관사가 무표정한 눈으로 사람들을 쳐다보았다.

사람들은 마치 병아리가 어미닭을 기다리는 모습으로 기관사를 쳐다보았다. 기관사는 철로변에 있는 사람들이 무엇 때문에 서 있는지를 잘 알고 있었다. 아니나 다를까 기관사 아저씨가 허리를 숙이더니 곡수를 삽으로 퍼서 기차 옆으로 쏟아 뿌렸다. 기관차는 빠르지 않은 속도로 지나가면서 철로 옆으로 곡수를 떨어뜨렸다. 곡수는 사람들 앞으로 투두둑 소리를 내면서 떨어졌다. 그렇다고 지금 당장 곡수를 주우러 갔다가는 큰 사고가 난다. 사람들은 곡수를 보면서 기차가 빨리 지나가기를 기다렸다. 기관차 뒤에는 수십 량의 화차가 연결되어서 끝없이 줄줄이 매달려 갔다. 마침내 기차가 꽁무니를 보이면서 사람들 앞을 지나가자 사람들은 방금 곡수가 떨어진 철길로 우르르 앞 다투어 달려가서 곡수를 줍기 시작했다. 그렇게 가끔 인심 좋은 기관사 아저씨들은 곡수를 줍는 사람들이 있으면 곡수를 철로 밖으로 뿌려 주었다. 그러나 다 그런 것은 아니었다. 어떤 기관사 아저씨들은 사고가 난다고 큰 소리로 화를 내면서 크게 기적을 울렸다.

정말 며칠 전에도 큰 사고가 일어 날 뻔한 일이 있었다. 철로 주위에 떨어져 있는 곡수를 줍느라 미처 화차가 들어오는 것을 보지 못하고 곡수를 줍다가 같이 있던 사람이 얼른 고함을 쳐서 아슬아슬하게 화차를 피할 수 있었던 것이다.

기관차에서 기관사가 사람들을 살피지만 그런 일도 가끔 있었다. 그런 일은 곡수를 처음 주우러 오는 사람들에게서 많이 일어났

다. 화차는 때로는 빠르게 지나가고 느리게도 지나갔다. 느리게 지나갈 때에는 소리가 들리지 않았다. 그냥 쉬이익 하는 작은 소리가 나고 스르 렁거리며 쇠바퀴가 굴러가는 소리만 들리지 긴장하지 않으면 언제든지 사고가 일어날 수 있는 상황이었다. 큰 화차가 쇠바퀴를 굴리면서 사람들 앞을 지나갈 때면 머리가 쭈뼛쭈뼛 서고 보기만 해도 겁이 났다. 사람들은 그렇게 위험을 무릅쓰고 곡수를 주우러 다녔다.

곡수를 다 줍고 사람들은 다시 시장으로 발걸음을 향했다. 시장에 가면 식당을 하거나 장사하는 사람들이 불을 피우기 위해서 곡수를 많이 이용하였다. 곡수를 많이 줍는 사람들은 그렇게 주운 곡수를 단골로 파는 가게가 있었다. 사람들은 그런 사람들을 '돈구이(단골손님)'라고 불렀다. 사람들은 거기에 곡수를 팔고 돈을 받았다. 그러나 아쉽게도 진수 어머니는 그런 단골 가게가 없었다. 진수 어머니도 다른 사람들처럼 곡수를 팔고 싶어 했을 것이다. 눈앞에서 다른 사람들이 곡수를 팔고 돈을 받는 것을 보면서 얼마나 부러워했을까.

진수 어머니는 곡수를 머리에 이고 집으로 돌아왔다. 저녁에 곡수로 불을 피워서 저녁밥을 하는데 풍로로 돌려 바람을 아궁이에 불어 넣자 곡수가 빨갛게 달아올랐다. 나무 장작을 태우지 않아서인지 매운 연기가 나지 않아서 좋았다. 불은 쉽게 꺼지지도 않고 오래 불이 붙었다. 솥에서 밥이 끓으면서 밥물이 솥 밖으로 부글부글 흘러 내렸다.

진수는 연기를 마셔가며 불을 때도 좋으니 우리도 곡수를 단골로 파는 집이 있었으면 하는 생각이 머리에서 떠나지 않았다. 우리 집 곡수가 다른 집보다 더 잘 불이 붙는 것 같다고 생각했다. 다음에 곡수를 팔 때에는 꼭 이런 말을 해주어야지 생각했다. 그날 밤에는 곡수 때문에 방구들이 뜨끈뜨끈했다. 진수네 집에도 밤이 깊어 갔다.

작은 것에 소중함을 느꼈던 시절이었다. 작은 곡수 돌멩이 하나에 사람들은 웃었다. 손과 얼굴은 곡수에서 묻은 검정으로 새까맸지만 그래도 사람들은 웃음을 잃지 않았다. 웃천막 사람들은 그렇게 살았다. 많다는 것이 무엇인지 모르고, 부자가 어떤 것인지 잘 모른 채 배가 부르고 방만 따뜻하면 '살겠다.'라는 말이 입에서 저절로 나왔다. 온 식구가 한 방에서 그렇게 따뜻한 밤을 지냈다.

세숫대야에 담긴 밥

 시장에 가면 약국 옆에 있는 다리 아래에서 사는 거지들을 볼 수 있었다. 대여섯 명의 거지들은 같이 모여서 깡통을 기웃거리며 밥을 먹거나 자기들끼리 무엇을 하는지 늘 모여 있었다. 머리는 헝클어질 대로 헝클어지고, 옷은 누더기같이 하고, 씻지 않은 그들의 모습은 다리 위를 지나가는 사람들의 미간을 찌푸리게 만들었다.

 자주는 아니지만 가끔은 시내에 갔다가 골목길에서 집 문을 두드리며 동냥하러 다니는 그들을 볼 수 있었다. 문을 두드리는 그들의 모습은 참 보기가 불쌍했다. 나무 대문을 두드리고는 주인의 반응을 기다렸다.

 "누구세요?"

 이윽고 문이 벌컥 열리면서 안에서 주인아주머니인 듯한 여자가 얼굴을 불쑥 내밀었다.

"왜?"

"저…… 밥 한 그릇만……."

미처 말이 떨어지기도 전에 매몰차게 말이 쏟아졌다.

"밥? 밥 없어, 딴 데 가서 알아 봐."

그리고는 문을 '쾅' 하고 닫아 버렸다. 인정사정도 없는 모습이었다. 그때 그 아주머니의 얼굴을 보았다. 표독한 얼굴. 인정이라고는 손톱만큼도 없는 사람처럼 보였다. 그러나 다 그런 것은 아니었다. 어떤 아주머니는 김이 모락모락 나는 밥을 한 가득 퍼서 깡통에 담아 주기도 했다. 대보름날이면 사람들은 시커먼 깡통에 쌀밥은 물론이고 찰밥이랑 수수밥이랑 가득 담아 주어서 깡통에는 여러 종류의 밥이 담겨 김이 모락모락 났다.

"웃천막에 뭐 먹을 거 있다고 여기 오는데?"

수다쟁이 경자 아주머니가 부엌문을 열고 거지를 쳐다보았다.

"얻어먹을라고 카몬 밑에 내려가야제, 여기에 뭐 먹을 거 있겠노?"

경자 아주머니 앞에 선 거지는 아무 말도 하지 못한 채 고개를 떨어뜨리고 땅만 바라보고 있었다.

"우리도 거지 아이가, 우리라고 별 수 있겠나?"

시내 다리 밑에서 보았던 그 거지였다. 먹을 게 없어서 동냥하러 다니다가 웃천막까지 올라온 모양이었다. 아마도 여기까지 올라오면서 여러 집 대문을 두드렸을 것 같았다. 그런데도 깡통 안에는 밥이 얼마 없었다.

다른 거지들이 가지고 다니는 깡통보다는 좀 커 보였다. 나이는 우리 동네 형들만 해 보였다. 다리 밑에서 아이들이 놀 때, 옆에는 형처럼 보이는 사람이 있었다.

"얼른 내려가거라! 여기는 먹을 거 없다."

거지는 체념한 듯 돌아서서 발걸음을 옮겼다. 웃천막을 내려가는 모습을 보니 가슴이 아팠다. 한 손에 깡통을 들고 왔던 길을 돌아서서 다시 내려가는데 그 모습이 불쌍해 보였다. 어디서 또 동냥을 할까. 어디서 저 큰 깡통을 가득 채울까.

그리고 보니 동냥하러 다니는 것은 주로 큰 형들인 것을 알 수 있었다. 그것도 대부분 남자들이었다. 어린아이들이나 여자들은 별로 없었다.

"아주머니 뭐예요?"

하루는 옆집에 사는 덕순이 아주머니가 큰 세숫대야를 머리에 이고 마을로 올라왔다. 아침때가 얼추 다 지나갈 무렵이었다. 아주머니는 큰 세숫대야를 머리에 이고 있었는데 무엇이 담겨 있는지 궁금했다. 그러나 아주머니는 그냥 웃기만 할 뿐 아무 말도 하지 않았다. 그 대신 세숫대야를 이고 총총 걸음으로 바쁘게 뒷길로 걸어가더니 형택이네 집 앞에서 걸음을 멈추셨다.

"형택아! 형택이 있니?"

아주머니는 집 앞에서 형택이를 불렀다. 그때 형택이가 아닌 형택이 형이 늦잠을 자고 있었는지 잠이 덜 깬 채 부스스한 얼굴로 문을 열었다.

"누구세요?"

"아직 자니? 이리 나와서 얼른 이것 받아라."

"예?"

형택이 형은 무슨 일인지 몰라 하며 문을 열고 밖으로 나왔다.

덕순이 아주머니는 큰 세숫대야를 내려놓고 세숫대야에 덮인 보자기를 걷었다.

거기에는 아직 온기가 남아 있는 밥이 가득 담겨 있었다.

"이 밥 먹으라, 아직 식지 않았으니 동생들하고 나눠 먹으라. 알았지?"

"……."

"뭐 하니? 그릇 가져와."

"예……."

형택이 형이 부엌에서 큰 그릇을 가지고 오자 덕순이 아주머니는 거기에 밥을 옮겨 담았다. 꽤 많은 양이었다. 형택이 형과 동생들이 먹고도 남을 많은 양이었다.

"그냥 아무 소리 말고 먹어, 알았지."

아주머니는 그렇게 몇 번이고 신신당부하고 빈 세숫대야를 머리에 이고 되돌아가셨다.

"형? 뭐야?"

"어? 밥이네"

"형! 어디서 났어?"

언제 봤는지 동생들이 고개를 빼꼼히 쳐들고 쳐다보았다.

형택이 형은 부모님이 안 계셨다. 오래전에 어머니는 가난 때문에 돈을 벌어 오신다며 집을 나가셨다. 사람들 말로는 서울에 갔다고도 하고, 도망갔다는 말도 들렸다. 아버지는 그보다 더 오래전부터 병으로 앓으셨는데, 어머니가 집을 나가고 난 다음에 돌아가시고 말았다. 동네 사람들이 아래 동네 옆에 있는 고아원으로 갔으면 했을 때 형택이 형은 동생들과 같이 살겠다며 웃천막을 떠나지 않았다.

형택이 형은 시내 역 앞에서 구두닦이를 했다. 형은 하루 일을 마치면 구두 통을 메고 집으로 돌아왔다. 집에는 동생들이 하루 종일 형택이 형을 기다리고 있었다.

그런 사정을 아는 덕순이 아주머니께서 그렇게 일부러 큰 세숫대야를 머리에 이고 시내에 내려가셔서 집집마다 찾아다니며 동냥을 하러 다니셨던 것이었다. 덕순이네 아주머니 집도 넉넉하지 않으셨다. 아주머니네도 아저씨가 일을 해서 벌어 오는 돈으로 하루하루 겨우 살 정도였다.

나중에 들은 이야기는 이랬다. 그때 시내 다리 아래에 살던 거지가 웃천막으로 동냥을 하러 왔더라는 이야기를 들으신 덕순이 아주머니는 큰 세숫대야를 생각하셨다. 시내에 내려가셔서 아주머니께서 직접 밥을 동냥하시기로 한 것이었다. 그렇게 해서 동냥한 밥은 다리 밑에 사는 거지들에게 나누어 주셨던 것이다. 그리고 밥을 조금 더 남겨서 사람들 몰래 형택이네 집에 주셨던 것이었다.

아무도 생각하지 못했던 일이었다. 사람들은 아침에 덕순이 아주머니가 큰 세숫대야를 이고 아침에 동네 아래로 내려가는 이유를 아무도 몰랐다. 그것은 오랫동안 비밀로 지켜졌다.

　비가 오는 날이면 다리 아래에는 거지들이 보이지 않았다. 다리 아래에는 많은 물이 흘렀다. 거지들은 아마도 비를 피해 다른 곳으로 간 것 같았다. 비가 오면 동냥하기가 더 힘들 것이다. 비를 맞으면서 동냥한 밥을 먹는 그들을 보았다. 머리에서 빗물이 뚝뚝 흘러 내렸다. 얇은 옷을 입고 덜덜 떠는 모습도 보았다. 그런 그들에게 아주머니가 전해주는 세숫대야의 밥은 그 무엇보다도 귀한 아침 선물이었을 것이다. 아주머니는 그렇게 그들을 도왔다. 아주머니의 마음은 세숫대야만큼이나 넓었다.

　세숫대야는 세수만 하라고 있는 것이 아니다. 많은 사람들을 씻어 줄 수 있고, 먹일 수 있는 훌륭한 도구다. 다리 아래 사람들과 형택이 형은 오래도록 행복했다.

새 식구

　사람들은 나무를 베어내고 산비탈을 깎고 집을 지었다. 누구네 땅이 따로 없었다. 모두 나라 땅이었기 때문에 집을 짓기만 하면 되었다. 아래 천막에는 가끔 사람들이 와서 허가 없이 자은 집들을 찾아다니며 철거한다고 으름장을 놓기도 했는데, 웃천막에는 사람들이 오지 않았다. 아마도 너무 높아서 차가 올라올 수 없기 때문에 못 오는 것 같았는데, 가끔은 사람들이 올라와서 동네 어른들을 만나서 더 이상 산에 있는 나무를 베면 안 된다는 말과 산을 깎아서 집이나 밭을 만들지 말라는 이야기를 하기는 했지만, 그것도 그 사람들이 내려가면 아무 소용이 없었다.
　사람들은 밥을 하고 겨울에는 땔감을 구하기 위해 나무를 베었다. 사는 집도 마찬가지였다. 살기 위해서는 집을 지어야만 했다. 그렇다고 시내에 있는 집처럼 큰 방, 작은 방을 짓는 것도 아니었다. 가마니를 덮어씌운 움막집을 만들거나, 함석집, 판잣집을 만드는 것이 고작이었다. 시내에서 올라 온 사람들도 그런 집을 보고 차마 철거한다고 말할 수 없었을 것이다. 산동네 겨울은 정말로 추웠기 때문이다.

산동네로 이사를 오는 사람들은 살림살이가 거의 없었다. 물론 살림살이가 있어봐야 차가 올라오지 못하기 때문에 가지고 온다는 것이 불가능했다. 짐이라고 해봤자 옷 보따리나 밥그릇, 숟가락 정도를 나무 함지에 담아서 머리에 이고 오는 것이 대부분이었다. 개중에는 양복을 입고 오는 사람들도 있었지만 며칠만 지나면 옷천막 사람들처럼 똑같이 작업복을 입고 다니는 것을 볼 수 있었다.

병철이네 식구는 가을이 지나고 겨울이 시작될 때 부산으로 이사를 왔는데 시골에 살 때 농사를 지었다고 했다. 병철이는 친구들에게 시골에 살면서 있었던 일들을 이야기해줬다. 보릿단을 져 나르며 하루 종일 어른들 일을 도왔던 이야기며, 쟁기로 밭을 갈고, 왕대나무로 도리깨질을 한 이야기도 들려주었다. 병철이 아버지는 부산에 와서 이렇다 할 직업이 없이 아무 일이나 하다가 지금은 시내 청과물 시장에서 배달 일을 한다고 했다.

동네 사람들은 시장에 갈 일이 있으면 병철이 아버지 찾는 것을 잊지 않았다. 병철이 아버지는 동네 사람들에게 무를 다듬고 버리는 무청이나 배추 잎들을 잘 모아 두었다가 시래기를 만들어서 먹을 수 있도록 나눠 주었다. 사람들은 길거리에 아무렇게나 버리고 발로 밟고 지나갔지만 옷천막 사람들에게 시래기는 한겨울을 지날 수 있는 귀한 양식이었다.

어느 날 아래 천막으로 이사를 간 태봉이네 집으로 새로운 사람들이 이사를 왔다. 새로 이사를 온 사람들은 아이들 둘을 데리고 온 부부였다. 어른들은 집안을 정리하느라 부산한데 아이들은 낯설어서 그런지 마당 한가운데 우두커니 서서 어른들 하는 모습만 지켜보고 있었다.

그때 웃천막에 새 식구가 이사를 왔다는 소식을 듣고 복순이 할머니가 집을 찾았다.

"어떻게 필요한 거 없는감?"

"안녕하세요?"

복순이 할머니 옆에는 히죽거리며 경자 아주머니가 같이 서 있었다.

"뭐 필요한 거 없어?"

복자 할머니는 새 식구들이 대답을 하기도 전에 부엌이랑 방 안을 찬찬히 둘러보았다.

"아, 안녕하세요."

새로 이사 온 부부가 인사를 했다.

"먼저 인사를 드려야 하는데 죄송합니다. 코딱지만한 집이지만 이것저것 손 볼 데가 많아서요."

"그려, 코딱지만한 집이라도 내 집이려니 하고 살면 돼요."

"예."

새로 이사 온 부부는 고맙다고 연신 허리를 숙였다.

"웃천막이 이래봬도 사람 사는 정은 있는 동네여. 그러니까 혹 필요한 거 있으면 언제든지 말해요. 내 구해 줄 테니."

"예, 고맙습니다."

그러면서 할머니는 뒤에 감춘 보따리를 내밀었다.

"할머니, 이게 뭡니까?"

"혹시 필요할 거 같아서 가지고 왔어."

할머니가 풀어 놓은 보따리에는 숟가락과 젓가락, 그리고 밥그릇과 공기그릇이 식구 수만큼이나 들어 있었다. 그리고 큰 종이 봉지 안에는 곡수가 한 가득 번쩍 번쩍 검은 빛을 내며 들어 있었다.

"아이고 이러지 않으셔도 되는데……."

부부는 어쩔 줄 몰라 했다. 이사 온 집에 숟가락이며 젓가락, 밥그릇이 없을 리 없지만은 그래도 할머니는 혹시나 하는 마음으로 그렇게 알뜰히 챙겨 오신 것이었다. 할머니는 늘 그랬다. 가난한 사람들을 보면 그냥 지나치지 못했다. 특히 이사 온 사람이 있으면 늘 집을 찾아서 살림살이를 챙겼다.

저녁이 되자 이웃집에서 아주머니들이 찾아왔다. 이사 온 사실도 알고, 필시 복순이 할머니께서 가만히들 있지 말고 한 번씩 새로 이사 온 집에 들르라고 일렀으리라 생각되었다.

아주머니들은 먹을 음식들을 가져다주었다. 변변찮은 반찬이지만 김치며 나물이며, 콩나물 무침이랑, 고구마랑 도움이 될 만한 것들은 무엇이든 가지고 왔다. 그것만으로도 며칠은 반찬 걱정을 하지 않아도 될 정도였다.

웃천막 사람들은 인심이 후했다. 같이 가난을 경험하고 있어서 그런지는 모르지만, 어려운 사람들을 외면하지 않았다. 가난이 싫어서 집을 나간 사람이 있었다. 그때 동네 사람들은 그 엄마가 틀림없이 다시 돌아올 줄 알고 아이들을 자기 집으로 데려다가 먹이고 키웠다. 자기 집도 먹을 게 부족하면서 그 집 아이들까지 먹인다는 것은 정말 힘든 일이었다. 그러다가 집을 나간 엄마가 우여곡절 끝에 다시 집으로 돌아왔다. 아이들이 굶어 죽거나 아니면 모두 고아원에 갔을 것으로 생각하고 집으로 왔는데 동네 아주머니들 덕택에 잘 있는 것을 발견하고는 눈물 콧물을 흘리며 모두들 같이 울었다.

간밤에 산 아래 시내가 소란했다. 동네 사람들이 모두 나와서 언덕 아래를 내려다보니 시내에 큰 불이 환하게 솟구치고 있는 것이 보였다. 동네 사람들은 그곳이 판잣집이 많은 동네라고 했다. 불이 난 것이었다. 한눈에 봐도 벌써 여러 채의 집이 불에 타고 있었다. 소방차들이 요란하게 사이렌을 울리며 왔다 갔다 하고, 소방관들이 물을 뿌리는 모습이 보였다. 불은 불집 태우기를 할 때의 불집처럼 혀를 날름거리며 하늘로 길게 꼬리를 날리고 있었다.

사람들은 한참 동안 그 광경을 지켜보았다.

"또 누군가 이사 오겠구먼……."

옆에서 말없이 구경하고 있던 복순이 할머니가 혼자말로 중얼거렸다. 깊은 한숨을 쉬었다.

불이 나면 오갈 데가 없는 사람들이 제일 먼저 찾는 곳이 산동네였다.

아래 천막으로 올지 웃천막으로 올지는 모르지만, 사람들은 누군가가 산 동네로 올 것이라고 믿었다.

  복순이 할머니는 이사 가는 집에 들러서 사람들이 버리고 간 물건들을 모아서 깨끗이 씻어 놓았다. 그리고 새로 이사 온 사람들이나 필요한 사람들이 있으면 나눠 주었다. 사이렌 소리가 조금씩 잦아들었다.

수상한 아주머니

 해가 지고 웃천막에 땅거미가 질 무렵이면 동네는 온통 노란색으로 물들었다. 찢어진 천막 지붕은 노란색 저고리를 입은 것처럼 바람에 나풀거렸고, 낮에 우중충한 모습으로 금방이라도 무너질 것처럼 보이던 앞 집 담벼락도 어느새 노을빛을 받아 황금색으로 살아났다. 그리고 그 사이로 굴뚝에서는 하얀 연기가 몽실 몽실 하늘로 피어올랐다.

 할머니는 방 안에 앉아서 화장을 하고 있는 아주머니를 가만히 지켜보고 있었다.
 "오늘도 늦게 들어오냐?"
 "예."
 "뭐 하루 이틀도 아닌데 뭘 그러세요?"

"아니, 너무 힘들어 보여서 그러지……."

"괜찮아요. 걱정 마세요."

화장대에 앉아 화장을 고치며 두실이 아주머니는 할머니의 얼굴을 힐 긋 쳐다보았다. 거울을 통해 할머니의 모습이 보였다.

"어머니, 뭐 필요한 것 없으세요? 있으면 말씀하세요?"

"아냐, 뭐 필요한 게 있어, 다 있는데."

잠시 후 화장을 다 끝내고 옷을 갈아입은 후 두실이 아주머니는 집을 나섰다.

"어머니, 저 다녀올게요. 너무 걱정 마세요."

"그랴, 빨리 와, 너무 늦지 말고."

"예."

아주머니는 웃으면서 그렇게 말하고는 동네를 내려갔다.

아이들은 아주머니가 저녁마다 집을 나설 때면 늘 마주쳤다. 그럴 때마다 아주머니는 아이들에게 미소를 지으시고는 바쁜 걸음으로 내려 가셨다.

"아주머니 어디 가시지?"

"몰라."

"왜 저녁에 나가시지? 일하러 가시는가?"

"저렇게 예쁘게 해서?"

"저렇게 해서 어떻게 공장에 다녀?"

"맞아, 우리 누나도 저렇게 안 다니는데."

아이들은 궁금했다. 저녁이면 예쁘게 화장을 하고 뾰족구두를 신고 동네를 내려가는 그 아줌마가 무슨 일을 하는지 궁금했다. 아이들 중에는 혹시 간첩인가 하고 의심하는 아이들도 있었다. 학교 선생님이 그러셨다. 밤이나 새벽에 산에서 내려오는 사람은 간첩이라고 하셨다. 그런 사람을 보면 신고하라고 말씀하셨다.

어른들은 아무도 그 아주머니에 대해서 말하지 않았다. 그 아주머니 집에서는 할머니가 살림을 도맡아 하고 계셨다. 가게에서 반찬을 사고, 쌀을 사고 밥을 하는 것은 모두 할머니 몫이었다. 듣기로는 그 아주머니가 돈을 벌어서 할머니에게 드리면, 할머니는 그 돈으로 생활을 하신다고 들었다.

어느 날 두실이 아주머니가 방문을 열고 방 안으로 들어오는 따뜻한 햇살을 받으며 바깥을 내다보고 있었다. 아주머니는 조그만 유리병 안에 들어 있는 벌레를 키우고 계셨다.

"아주머니, 이것 뭐예요?"

"이것 말이니. 이것 돈벌레야."

"돈벌레요?"

"응. 돈 많이 벌게 해준다는 돈벌레야."

병 안에는 날개가 달린 조그만 벌레들이 빵 부스러기를 먹으면서 살고 있었다. 나는 그것이 '돈벌레'라는 사실을 처음 알았다. 사람들은 그런 벌레는 부잣집에 많다고 했다. 그래서 그런 벌레를 키우면 돈을 많이 벌고 부자가 된다고 믿었다.

　화장하지 않은 아주머니의 얼굴은 약해 보였다. 얼굴에도 주름살이 보였다. 목은 더 가늘었다. 아주머니는 병에 담긴 벌레만 쳐다볼 뿐 별 말이 없었다.

　나중에 알게 된 사실이지만 두실이 아주머니는 술집에 다닌다는 것이었다. 사람들은 술집에 다니는 것을 싫어하는 모양이었고 모두들 쉬쉬하며 입을 다물었다. 아마도 어른들이 술을 마시면 다투고 싸우는 것 때문에 좋지 않게 생각하는 모양이었다. 정말로 웃천막에는 술만 먹으면 싸우고 다투는 일이 많았다.

　이따금 두실이 아주머니가 빨래를 하러 빨래터에 가면 아주머니들은 두실이 아주머니의 빨래를 도왔다. 빨래를 하는 두실이 아주머니의 팔은 빨래 방망이보다 더 가늘고 약했다. 아주머니들은 마치 내 일인 것처럼 서로 두실이 아주머니의 빨래를 빼앗아 빨아 주었다. 참 고마운 아주머니들이었다. 가끔 빨래터에서는 아주머니들이 빨래를 널어놓고 집에서 가져 온 고구마나 먹을 것을 놓고 이야기보따리를 풀었다. 물론 그 속에는 두실이 아주머니도 있었다. 웃는 모습들이 참 행복해 보였다. 바위에 널어 둔 빨래가 하얗게 말라가고 있었다.

똥장군

"똥 퍼! 똥 퍼!"

아이들이 남철이 뒤를 따라오면서 놀렸다. 남철이는 아이들을 잡으러 부리나케 뛰어갔지만 아이들은 모두 흩어지면서 도망갈 뿐 아무도 잡히지 않았다. 남철이는 아이들을 향해 돌멩이를 던졌지만 돌멩이는 멀리 가지 못하고 중간에 맥없이 떨어지고 말았다.

"잡히면 죽어!"

남철이는 아이들을 잡을 수 없게 되자 고함을 지르며 씩씩거리면서 분을 참지 못했다.

남철이는 아이들에게 늘 그런 식으로 놀림감이 되었다. 남철이가 그렇게 화를 내는 이유는 다른 게 아니라, 아버지 때문이었다. 남철이 아버지는 아이들 말대로 똥 푸는 일을 하고 있다. 남철이 아버지는 똥장군을 지게에 지고 집집마다 찾아다니며 똥을 펐다. 골목을 다니다 보면 "똥 퍼!" 하는 소리가 들렸다. 그 말을 흉내 내서 아이들이 그렇게 놀리는 것이었다.

가끔 학교 수업을 마치고 집으로 가던 길에 남철이 아버지가 똥을 푸는 것을 볼 때가 있었다. 남철이 아버지는 아래 동네에서 나무로 만든 똥장군을 땅에 내려놓고 똥을 푸고 있었는데, 바가지가 달린 긴 장대로 똥장군에 똥을 퍼 담았다. 지나가는 사람들은 모두 그 냄새 때문에 코를 잡고 고개를 돌리며 모두들 피했다. 그러나 남철이 아버지는 전혀 그런 것에는 아랑곳하지 않고 묵묵히 똥만 푸고 있었다.

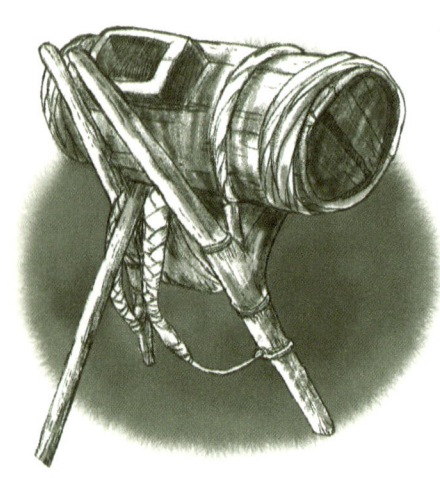

똥장군을 지고 걸어가는 걸음은 퍽 힘들어 보였다. 검정고무신을 신고 산비탈을 걸어서 올라가는데 아주 느린 걸음으로 천천히 걸어갔다. 산 위에는 똥을 모아두는 큰 똥통이 있는데, 언젠가 한번은 서울에서 온 사촌이 아이들과 산에서 같이 놀다가 무심코 그곳으로 뛰어 내렸다가 풍덩 빠져서 온몸에 똥을 뒤집어 쓴 적이 있었다.

하루는 학교에서 '가정환경조사서'라는 것을 나눠주면서 집으로 돌아가 적어 오라고 하였다. 남철이는 그것을 받아들고는 걱정이 생겼다. 집에 있는 물건이라야 별것 없으니까 그대로 적으면 되는데, 문제는 부모님 직업이었다. 아버지 직업을 뭐라고 해야 할지 몰랐다. 그렇다고 아버지 직업을 '똥장군'이라고 쓸 수 없었다. 그렇게 썼다가는 학교에서 아이들이 만약에라도 알게 되면 또 놀릴 것만 같았기 때문이다.

저녁상을 물리고 쉬고 있는 아버지께 물었다.

"아버지, 학교에서 선생님이 부모님 직업을 알아 오라고 하시는데 뭐라고 할까예……?"

남철이는 자신이 없었다. 차마 아버지 앞에서 "아버지 직업을 똥장군이라고 할까예."라고 물을 수가 없었다. 그렇게 말씀드리면 아버지 마음을 더 아프게 해드릴 것만 같았다.

"와? 아버지가 똥장군을 지니까 부끄럽더나?"

"그게 아니라……."

남철이 모기소리만큼 목소리가 작아졌다. 부끄러운 게 사실이기 때문이다. 그렇지 않으면 자신 있게, 당당하게 '똥장군'이라고 썼을 것이다.

"선생님께 아버지 일을 말씀드리고 뭐라고 말씀하시는지 들어 보거라."

"예……."

얼굴이 화끈거렸다. 아버지 얼굴을 똑바로 쳐다볼 수가 없었다. 시험을 치고 시험지를 보여 드릴 때 점수가 좋지 않아서 죄송했던 적은 있었지만, 아버지 직업에 대해서 부끄러워하는 자신을 보면서 한숨이 나왔다. 운동회 때에도 아버지가 오셨을 때 아버지와 같이 있지 않았다. 친구들과 논다고 핑계를 대고 아버지를 피했다.

'아버지가 어떻게 생각하실까……?'

책상에 앉았지만 공부가 되지 않았다. 아버지가 그렇게 똥장군을 지고 일을 해서 받은 돈으로 쌀도 사고, 연탄도 사고, 공부도 하고 있다는 사실이 문득 생각났다. 그건 모두 똥을 퍼서 번 돈이었다. 똥이 가득 찬 무거운 똥장군을 지고 아버지는 아래 동네에서 산 위에까지 끙끙거리며 똥을 날랐다. 밖으로 나가신 아버지가 평상에 앉아 담배를 태우시는데 무슨 생각을 하시는지 한참이나 계시다가 방으로 들어오셨다.

어제 놀리며 도망간 아이들을 찾아서 때려주고 싶었지만 꾹 참았다.

"선생님, 여쭐 말씀이 있는데예……."

"……."

남철이는 어제 저녁에 아버지께서 하신 말씀을 선생님에게 말씀드렸다. 선생님이 뭐라고 말씀하실지 궁금했다.

"남철아, 왜? 아버지 직업을 '똥장군'이라고 쓰면 안 되니?"

"……."

"물론 친구들 보기에 부끄러운 것은 사실이야. 그렇지만 남에게 부끄러운 짓을 한 것은 아니잖아. 사람들은 더럽다고 할지 몰라도, 아버지가 번 돈은 깨끗한 돈이란다."

"……."

"선생님이 오늘 도시락 반찬으로 뭐 싸온 줄 아니?"

선생님은 남철이에게 하늘색 보자기에 싸인 도시락을 열어서 보여 주셨다.

도시락 안에는 꽁보리밥과 굵은 된장과 고추가 반찬으로 들어 있었다. 선생님은 흰 쌀밥에 좋은 반찬을 드실 줄 알았는데 그것이 아니었다.

"선생님이 이렇게 도시락을 먹는다고 부끄러워할까? 선생님은 하나도 부끄럽지 않아. 정말이야"

"집에 가서 아버지께 '죄송합니다.'라고 말씀드려라 그러면 아버지가 좋아하실 거야."

남철이는 자리에 앉아서 '가정환경조사서'에 있는 아버지 직업란에 연필에 침을 묻혀서 비뚤비뚤한 글씨로 크게 썼다.

'똥장군'

집으로 오는 길에 어제 놀리던 아이들이 보이지 않았다. 다시 또 놀리면 크게 웃어 주려고 했는데, 주위를 둘러보아도 보이지 않았.

집에 오니 아버지는 계시지 않으셨다. 오늘도 산 아래 동네에서 골목길을 다니며 똥장군을 지시고 계실 것이다. 언덕 아래를 내려다 봤지만 아버지 목소리는 들리지 않았다. 산 위에 있는 똥통에 가봤지만 계시지 않았다.

'어디 가셨을까?'

아버지는 밤이 늦어서야 집에 들어오셨다. 약주를 드셨는지 입에서 막걸리 냄새가 났다. 작은 방에서 책상에 앉아 공부를 하는데 두 분이 도란도란 나누는 이야기 소리가 작은 방으로 들렸다.

"이제 아래 동네에도 위생차가 들어와서 똥을 푼다고 하네."

"정말요?"

"응……."

"아직 쉴 때가 멀었는데, 남철이도 중학교 가야 하고……."

"휴."

아버지의 긴 한숨소리가 남철이의 가슴을 때렸다. 그동안 부끄러워했던 일들이 더 생각났다.

학교 주변에 위생차가 와서 아저씨들이 긴 작대기를 어깨에 걸치고 집집마다 찾아다니며 똥을 푸는 모습을 보았다. 그 아저씨들이 이제 아버지가 일하고 있는 아래 동네에 와서 똥을 푼다는 것이다. 도로가 넓혀지면서 큰 차가 지나다닐 수 있게 되자 그렇게 된 것이었다. 아래 천막이나 웃 천막은 공중화장실이 있고, 집에 화장실이 있는 집은 몇 집 되지 않았다. 그것은 똥 푸는 돈이 아까워서 자기들이 직접 똥을 퍼다 나르기도 했다.

아버지께 '죄송합니다.'라고 말씀드려야 하는데, 입이 떨어지지 않았다. 자신이 없었다. 남철이는 잠자리에 누우면서 내일 아침에 꼭 말씀드려야겠다고 생각했다.

  누군가는 버리고, 누군가는 치운다. 모두가 버리기만 한다면 어떻게 될까? 이 지구는 금방 난지도보다 더 큰 쓰레기장이 되고 말 것이다. 직업을 차별하지 말자. 그런 눈으로 쳐다보지 말자. 우리가 깨끗하게 된 것이 누구 때문인가? 우리 고모부님도 똥을 푸셨다. 고모부님은 내가 갈 때마다 백 원짜리 몇 개를 용돈으로 주셨다. 나는 두 손으로 받으며 고마워했다. 나는 고모부님 때문에 늘 행복했다.

부활한 병아리

학교 앞 교문 앞에 아이들이 옹기종기 모여 있었다. 교문 앞에는 병아리 장수가 있었는데, 병아리들은 노란색 옷을 입고 종이 박스 상자 안에서 삐약 삐약 소리를 내면서 고개를 들고 아이들을 쳐다보았다.

"아저씨, 이거 얼마예요?"

호기심이 발동한 아이들이 병아리값을 물었다.

"5원, 한 마리 5원."

병아리 장수는 아이들에게 호기심을 자극하느라 아이들에게 손을 내밀게 하고 손바닥에 병아리를 얹어 주었다. 아이들은 신기한 듯이 손바닥에 오른 병아리를 바라보았다. 병아리들은 손바닥 위에서 뒤뚱거리며 떨어질 듯 말 듯 위태위태했다.

"아저씨, 저 이것 한 마리만 주세요."

아이들은 호주머니를 뒤져 돈을 내고 저마다 병아리를 한두 마리씩 사기 시작했다. 병아리들은 병아리 장수에게 잡힐 때마다 삐약 삐약 소리를 내며 울었다. 병아리들이 입고 있는 노란 털은 마치 민들레 꽃씨처럼 생겨서 얇은 바람에 살포시 흔들리기도 했다.

민우는 병아리를 다섯 마리나 샀다. 집에 가서 돼지저금통을 열어서 병아리를 산 것이다. 병아리를 들고 오니 어머니가 휘둥그레한 눈으로 물었다.

"그 병아리 어디서 났니?"

"학교 앞에서 샀어요."

"돈은 어디서 났는데?"

"돼지 저금통에서……."

어머니는 민우가 사 온 병아리를 이리저리 살피셨다.

"아이고, 이 병아리 오래 살겠나?"

"왜요? 어디 아파요?"

"아니, 이런 병아리들은 오래 못산다. 어떻게 키울래."

"자신 있어요. 제가 잘 키울 거예요."

민우는 자신 있었다. 꼭 잘 키워서 큰 닭으로 만들고 싶었다.

마침 집 뒷마당에는 옛날에 닭을 키우던 닭장이 아직 그대로 있었다. 민우네도 옛날에는 닭을 키웠는데, 닭을 모두 닭 장수에게 팔고 나서 그대로 둔 것이었다.

닭장은 볕이 잘 드는 양달에 있어서 좋아 보였다. 민우는 닭장 문을 열고 병아리들을 닭장 안에 살며시 들여 놓았다. 병아리들은 작은 날개를 퍼덕이며 돌아 다녔다. 부리로 땅을 쪼기도 하고, 닭장 마당에 있는 흙도 부리로 쪼았다. 민우는 병아리들이 목이 마를까 싶어서 그릇에 물을 떠 주었다. 파리채를 들고 장독으로 마당으로 뛰어 다니며 파리를 잡았다. 그러나 너무 큰 파리는 병아리들이 먹지 못했다. 마침 동네에는 닭들을 키우는 집들이 몇 집 있었다. 그곳에 가면 닭들에게 먹이는 먹이가 있을 것 같았다. 시내 시장에서 버려진 좁쌀이나 쌀알들을 모아서 가져 온다고 했다. 큰 닭들은 배추 잎을 먹거나 지렁이들도 잡아 주면 잘 먹었다.

마침 닭들이 모이를 먹고 있었다. 마당에 있는 닭 모이통에는 좁쌀이 가득 들어 있었다.

"아줌마, 아줌마!"

민우는 아줌마가 보이지 않자 크게 불렀다. 닭들이 민우를 보고 꼬꼬댁 하며 날개 짓을 하면서 이리저리 도망쳤다.

'아줌마 계셔야 하는데……'

민우는 마음이 급했다. 빨리 병아리에게 모이를 주지 않으면 죽을 것만 같았다.

"아줌마, 아줌마!"

아주머니는 어디 가셨는지 보이지 않았다. 아마도 밭일을 하러 나가신 모양이었다.

민우는 '나중에 뵈면 말씀드려야지.' 하고 속으로 중얼거렸다.

그리고 모이통에서 닭들이 먹던 좁쌀을 조금 호주머니에 담았다. 가슴이 두근거렸다. 꼭 남의 것을 훔치는 것만 같았다. 훔치는 것은 맞았다. 아주머니가 안 계신데 가지고 오니 훔친 것이었다. 나중에 꼭 말씀드려야지 하고 몇 번이고 다짐했다.

몇 달이 지났다. 다행히도 병아리들은 잘 자랐다. 어머니가 며칠 지나지 못해 다 죽을 것이라고 했던 병아리들은 다섯 마리 모두 무럭무럭 잘 자랐다. 민우는 학교에서도 늘 집에 있는 병아리만 생각했다. 어서 빨리 집에 가서 병아리들에게 맛있는 것을 줘야지 하는 생각밖에는 없었다. 수업을 마치고 집으로 가면 제일 먼저 병아리들이 있는 닭장을 찾았다. 민우가 올 때마다 병아리들은 삐약 삐약 소리를 내며 민우에게로 달려왔다. 조금 시간이 지나자 병아리들이 제법 토실토실하게 병아리 티를 벗었다. 이대로 잘만 크면 큰 닭이 될 것 같았다. 어머니와 아버지는 그런 병아리들을 보시면서 신기해하셨다.

그런데 어느 날이었다. 학교 수업을 마치고 집으로 오니 큰일이 벌어져 있었다. 민우가 정성스럽게 키우던 병아리들이 모두 죽고 말았던 것이다. 어머니는 민우가 오기를 기다리고 계셨다. 민우는 닭장으로 달려가 보았다. 닭장은 문이 열려 있었고 병아리는 한 마리도 보이지 않았다.

"엄마! 병아리는?"

엄마는 아무 말씀이 없으셨다. 엄마 옆에는 옆집 아주머니가 같이 앉아 계셨다.

"민우야 미안하다. 아줌마가 병아리 다시 사다 줄게. 큰 놈으로 열 마리 사줄게."

"……."

민우는 그게 무슨 말인지 몰랐다.

민우가 학교에 있을 동안에 일어난 일은 이러했다.

어머니가 병아리들을 닭장 밖으로 내 놓으며 도랑 옆에 있는 풀이랑 지렁이를 잡아먹으며 놀라고 풀어 놓았는데 그만 옆집에서 기르고 있는 개가 와서 병아리들을 모두 물어서 죽여 버렸던 것이었다. 순식간에 일어난 일이라 어떻게 할 수도 없었다고 한다. 그리고 그 일 때문에 아버지가 그 집에 가서 다투시며 싸우셨다고 했다. 동네 사람들이 나서서 싸움을 말리느라고 애를 먹었다고 하셨다.

민우는 그 말을 듣고 금방 닭똥 같은 눈물을 뚝뚝 흘렸다. 민우가 올 때마다 병아리들은 민우를 알고는 삐약거리며 달려왔는데 병아리들이 모두 사라진 것이다. 엄마는 병아리들을 집 뒤편 양지바른 곳에 병아리들을 모두 묻어 줬다고 말씀하셨다.

민우 눈에 노란 병아리 다섯 마리가 보였다. 집 모퉁이에서 삐약거리며 금방이라도 나타날 것만 같았다. 몇 번이고 닭장을 기웃거리고 뒷간으로 가보아도 병아리들은 보이지 않았다.

민우는 그날 저녁도 먹지 않았다. 학교에 다녀와서도 텅 빈 닭장만 쳐다볼 뿐이었다. 동네 아이들이 놀러가자고 찾아와도 나가지 않았다. 놀러가자면 누구보다도 먼저 나섰던 민우였다.

그렇게 며칠이 지났다. 어느 날이었다. 이제 병아리에 대한 생각이 조금 줄어들 무렵이었다. 옆집 아주머니가 병아리를 열 마리 사준다는 말에 용기를 얻었다. 책 보따리를 방 안에 던져 놓고 막 집을 나서려고 하는데 뒷간에서 병아리 소리가 들렸다.

"삐약! 삐약!"

"어?"

분명히 병아리 소리였다. 민우는 놀란 눈을 하며 뒷간으로 뛰어가 보았다. 거기에는 병아리들이 모여서 열심히 놀고 있었다. 닭도 두 마리나 같이 놀고 있었다.

"엄마!"

민우는 놀란 눈을 하며 엄마를 불렀다.

민우가 부르는 소리에 엄마가 달려왔다.

엄마는 민우가 엄마를 부르는 이유를 알고 계신 듯 웃으시며 민우에게 말했다.

"옆집 아주머니가 사주신 거야. 민우가 밥도 안 먹고 하니 아주머니도 마음이 좋지 않았던가 봐. 그래서 요 아래 시장에서 사 오신 거야. 나중에 뵈면 '고맙습니다.' 하고 인사 드려라."

민우 눈이 다시 빛났다. 노란 병아리들이 살아 있었다. 죽은 줄만 알았던 병아리들이 다시 살아났던 것이다. 민우는 그렇게 믿었다. 동네 아래에 있는 교회에서 반사 선생님이 예수님이 부활하셨다고 했다. 민우는 병아리들도 부활했다고 생각했다. 얼굴 모양도 똑같았다. 삐약삐약거리는 소리도 똑같았다. 그 병아리들이 친구들 병아리를 데리고 왔다고 생각했다. 엄마, 아빠 닭들도 같이 데리고 왔다고 생각했다. 분명히 그럴 것 같았다.

며칠 보지 않은 동안 병아리들이 많이 큰 것 같았다. 민우는 생각했다. 내일 학교 수업을 마치고 나면 도랑에 나가 지렁이를 많이 잡아야겠다고 생각했다. 많이 먹을 것 같았다. 엄마 아빠 닭들이 지렁이를 빼앗아 먹으면 어떻게 하나 하는 생각이 들었다. 그래도 기분이 좋았다.

민우는 다시 동네에서 닭을 제일 많이 키우고 있는 집으로 갔다. 손에는 모이를 얻어 올 빈 그릇이 들려 있었다.

최 상사 아저씨

아침부터 비가 추적추적 내리면서 을씨년스럽게 바람까지 불었다. 인기척이 없는 산동네는 적막하기만 했다. 조용한 적막을 깨고 양철로 덮은 지붕 위로 떨어지면서 "땅! 땅!" 소리를 내면서 빗방울을 튕겼고, 사람들 마음속을 조용히 적셨다.

비 때문에 일이 끊긴 사람들은 동네 구멍가게에서 술을 사다가 아침부터 술자리를 벌였다. 술자리에 모인 사람들은 거의가 하루하루 일을 해서 먹고 사는 사람들이 대부분이었다.

하루 일을 해서 벌어먹고 사는 사람들에게 날씨는 매우 중요했다. 구두닦이는 물론이고 시장에서 짐 나르는 일을 하는 사람들에게도 비가 오고 날씨가 궂은 날은 일하러 나가지도 못하고 그냥 집에서 하늘만 쳐다보며 '공치는 날'이 되고 말았다.

"오늘 일 못 나갔네?"

"야. 비가 와서요."

부산진역 앞에서 구두닦이를 하면서 사는 순기 삼촌이 무겁게 입을 열었다.

"요즘 벌이도 신통치 않아요. 자릿세도 더 내라고 하고, 여름에는 그래도 '냉차(冷茶. 보리차에 사카린을 넣어서 달게 만든 음료)'라도 팔아서 괜찮았는데 어렵네요."

나이 차이가 있어도 모두들 같이 한 동네에서 형 아우 하며 사는 막역한 사이들인지라 크게 거리낌이 없었다. 그렇다고 예의를 모를 정도는 아니었다.

"자. 한잔 받아."

김 씨 아저씨가 술잔을 내밀자 순기 삼촌은 두 손으로 술잔을 받았다.

"너무 걱정하지 마. 어디 산 입에 거미줄 치겠어?"

"예."

술잔을 비우는 순기 삼촌 목에서 '꿀꺽' 하는 소리가 들렸다.

젓가락으로 김치를 입에 넣고는 말없이 가만히 김치만 씹었다.

그때였다. 비를 헤치며 누군가가 휘적휘적 걸음으로 나타났다.

"뭣들 혀?"

"아…… 최 상사 아저씨."

순기 삼촌이 엉거주춤한 모습으로 일어나는 모습을 취했다.

"앉어, 일어나지 말어."

"왔는가. 어여 들어와."

김 씨 아저씨는 앉은 채로 최 상사 아저씨를 맞이했다.

비에 젖은 최 상사 아저씨는 한쪽 팔이 없었다. 6.25 때 팔을 잃고 상이용사로 살고 있었다. 아주머니가 공사장에서 벌어 오는 돈과 최 상사 아저씨가 집집마다 찾아다니며 하는 날품팔이로 겨우 생활을 연명해 가며 살았다. 지금 살고 있는 집도 아래 집 짓는 데서 모래를 얻어 나르고 흙 블록을 찍어서 동네 사람들과 겨우 마련한 집이었다. 날품팔이를 하고 남는 시간에는 집에서 종이봉투를 접어서 생계를 이었다. 종이봉투를 백 장 접으면 겨우 20원 정도를 벌었다. 그것은 아이들이 하루 사용하는 용돈에 불과한 금액이었다.

술이 몇 순배 돌자 최 상사 아저씨가 말을 쏟아냈다.

"나라에서 해마다 쌀이다 밀가루다 배급 준다고 해놓고서는 주지도 않고, 집도 주고 살 방도 마련해 준다고 해놓고는 주지도 않고, 뭐 해 준 것이 있어? 줘도 거만 잔뜩 섞인 쌀을 나눠 주고. 뭘 제대로 해준 것이 있어."

최 상사 아저씨의 음성이 높아졌다.

"우리야 그래도 살지만, 전쟁하다 죽은 남편 마누라와 아이들은 몇 날 며칠을 먹지도 못해서 얼굴이 퉁퉁 부었다고 하지 않는가. 세상천지에 이런 일이 어디 있어. 우리가 어디 우리 살라꼬 전쟁했는가. 징집영장은 왜 보냈어, 나라 구하라고 내보냈으면 나라 구한 보상을 해줘야지. 먹을 거라도 줘야 할 거 아냐. 안 그래?"

최 상사 아저씨는 부릅뜬 눈으로 사람들을 쳐다보았다. 눈에는 핏발이 잔뜩 서 있었다. 아마도 전쟁터에서도 저런 눈으로 싸웠을 것 같다는 생각이 들었다.

학교를 마치고 집으로 오는 길에 가끔은 최 상사 아저씨와 같은 상이군인들을 볼 때가 있었다. 한쪽 팔이 없는 아저씨들은 한쪽 어깨에 무거운 짐을 메고 남아 있는 한쪽 손으로 물건을 팔았다. 고무줄이나, 집에서 쓰는 방부제, 파리약, 모기약 등등 모두 다 팔아도 몇 푼 남지 않을 것 같은 것들을 팔았다. 시장에서도 그런 아저씨들을 볼 때가 있었다. 어떤 아저씨는 한쪽 다리가 없는 몸으로 장사를 하고 있었다. 목발에 의지해서 장사를 하는 모습은 안쓰러울 뿐만 아니라 불쌍한 마음까지 들었다. 그러나 아저씨들은 결코 다른 사람에게 의지하려고 하는 모습은 결코 보이지 않았다.

그런 아저씨들에게 사람들은 쉽게 다가가지 않았다. 사람들은 아저씨들을 피해 다녔다. 어떤 아기 엄마는 아이가 아저씨들이 있는 곳으로 가자 얼른 뛰어가서 붙잡고 멀찍이 떨어져 피해 갔다. 이해할 수 없는 사람들의 모습이었다. 아저씨들이 무엇을 잘못했는가 하는 생각이 들었다. 그러나 아저씨들은 잘못한 것이 아무것도 없었다. 신체적인 장애 외에는 아무에게도 해를 입힌 끼친 적이 없었다.

길거리에서 만난 어떤 아저씨는 술이 잔뜩 취해서 사람들에게 들으라는 듯이 하소연을 쏟아냈다.

"우리가 무얼 잘못했는데? 잘못한 것이 있으면 말해 봐. 우리가 무얼 잘못했는데."

"이거 왜 이래. 사람 괄시하지 말란 말이야. 우리도 팔 있고 다리도 있었단 말이야. 다 나라 때문에 이렇게 됐단 말이야."

아저씨는 몸을 비틀거리며 사람들에게 한번 말해 보라는 듯이 사람들을 노려봤다. 그러나 대꾸하는 사람은 아무도 없었다. 모두들 눈을 피하면서 멀찌감치 물러나 지나갈 뿐 아무도 말이 없었다. 아저씨는 한동안 그렇게 서러움을 쏟아내며 허공을 향해 외치고 있었다.

"이녘5), 이제 오는가?"
"야."

최 상사 아저씨가 집으로 돌아온 지 얼마 지나지 않아 일하러 나갔던 아주머니가 집으로 들어섰다. 아주머니는 머리에서 다라이를 내려놓으면서 털썩 마루에 주저앉았다. 머리에 쓴 수건을 벗으면서 땀을 훔치는데 많이 피곤해 보였다. 아주머니는 아래 동네에서 일을 하고 오는 모양이었다. 요즘 아래 동네에는 새로 집을 짓는 일이 많았다. 아주머니들은 다라이를 머리에 이고 모래를 나르고 벽돌을 날랐다. 걸어서 공사장 계단을 몇 층이나 오르락내리락 하는 일은 여자들 몸으로서 참으로 힘든 일이었다. 아침이면 아주머니들은 다라이를 들고 총총걸음으로 일하러 나섰다.

아주머니의 몸은 비에 흠뻑 젖어 있었다. 최 상사 아저씨는 그런 아주머니를 아무 말 없이 쳐다만 보았다.

---

5) "당신"이라는 뜻의 전라도 사투리.

부엌 아궁이에서 매캐한 연기 냄새가 났다. 최 상사 아저씨는 비에 젖은 아주머니의 옷을 말리고 있었다. 아주머니의 옷을 조심스럽게 붙잡고 있는 아저씨의 굵은 손가락이 눈에 들어왔다. 훨훨 타오르는 불꽃이 아저씨의 얼굴을 노랗게 밝혔다. 비에 젖은 아주머니의 저고리에서 김이 모락모락 났다. 비는 그칠 줄도 모르고 계속 내리고 있었다.

재첩국 사이소

 아직 먼동이 트려면 한참 멀었는데 할머니는 벌써 잠자리에서 일어나 앉았다.

 "할머니, 벌써 일어나셨어요?"

 한분이는 잠이 덜 깬 눈으로 감겨지는 눈을 억지로 뜨면서 할머니를 바라보았다.

 "그려, 빨리 일어나서 내려가 봐야제. 늦으면 구포 할미가 또 뭐라칼기여. 저번에도 한 번 늦었다가 얼마나 말이 많던지. 다시는 안 늦는다고 내 신신 약속을 했다 아이가."

 "그래도 너무 일찍인 것 같아서……."

 한분이는 어쩔 수 없다는 것을 알면서도 그렇게 말이라도 해야 마음이 편할 것 같았다.

한분이는 부모님이 계시지 않았다. 아주 오래전에 한분이가 어릴 적에 부모님이 모두 돌아가시고 한분이는 할머니 품에서 자랐다.

한분이 할머니는 재첩국 장사를 했다. 새벽 일찍 동네를 내려가 시내에서 재첩국을 가지고 오는 할머니를 만나야만 했다. 구포에서 재첩국을 양철 물동이에 싣고 오는 구포 할머니가 계셨다. 어떻게나 욕을 잘하는지 '욕쟁이 할머니'라고 소문난 할머니였다. 큰 트럭에 재첩국을 싣고 와서 재첩국을 파는 할머니들에게 나눠 주었다. 물론 돈을 받고서 말이다. 그러나 구포 할머니 역시 큰 욕심 부리지 않고 어려운 형편에 재첩국이라도 팔아 생계를 이어가는 사람들 형편을 알기 때문에 야박하게 많은 이문을 남기지 않았다.

예전에는 재첩국을 팔러 다니던 어떤 아주머니가 하루는 길에서 넘어져 재첩국을 모두 다 쏟았다는 말을 듣고 크게 안타까워하며 재첩국값을 모두 다시 돌려 준 적도 있었다. 구포 할머니도 연세가 많았다. 새벽 한두 시까지 일하고 잠시 쪽잠을 잔 후에 다시 재첩국을 트럭에 싣고 수정동으로 달려오는 것이었다.

얼굴 깊숙이 수건을 뒤집어 쓴 채 할머니는 집을 나섰다. 아직 동이 트기 전이라 길은 어두웠다. 늘 다니는 길만 아니었으면 벌써 여러 번 넘어졌을 것이다. 다행히 달이 아직도 밝게 빛나고 있어서 달빛에 길을 걸으니 한결 수월했다. 얼마나 급히 내려갔던지 내려가는데도 숨이 차고 이마에는 땀이 났다. 시장 어귀를 지나면서 보니 일찍 가게 문을 여는 집들이 한 집 두 집 보이기 시작했다. 아니나 다를까 구포 할머니가 먼저 기다리고 있었다.

"할마이, 뭐 한다고 이제 오노? 지금 몇 신가 아나?"

"많이 기다렸습니꺼. 빨리 내려온다고 했는데 미안합니다."

한분이 할머니는 미안한 마음을 웃음으로 대신하며 구포 할머니에게 친근감을 표시했다.

그런 한분이 할머니가 밉지는 않은지 구포 할머니는 혼자 궁시렁거리면서 서둘러 재첩국이 담긴 물동이 쪽으로 발걸음을 옮겼다.

"할마이 넘어지지 않게 조심하라우. 넘어지면 재첩이 문제가 아이라 임자가 다치는 게 문제이니 말이야. 알간?"

"예, 할머니 알았으니까 걱정 마세요."

알뜰히 챙기시는 구포 할머니의 마음에 한분이 할머니는 늘 언니 같은 마음을 느꼈다. 한분이 할머니는 오래전에 죽은 언니가 생각났다. 지금 구포 할머니처럼 그 언니도 한분이 할머니를 그렇게 챙겼던 것이다. 머리를 땋아주며 도란도란 이야기를 해주던 언니가 생각이 났다.

구포 할머니에게 재첩국 물동이를 받은 사람들은 바쁘게 움직였다. 개중에는 한분이 할머니처럼 연세 많으신 할머니도 계셨고, 아주머니는 물론이고 새댁같이 젊은 여인들도 일을 하고 있었다. 그들은 모두 이렇게 새벽에 나와서라도 재첩국 장사를 해야만 하는 절박함이 있었을 것이다.

재첩국을 머리에 이고 모두들 흩어졌다. 구포 할머니에게 재첩국을 받은 사람들은 대부분 수정동, 초량동, 그리고 멀게는 영주동까지 걸어가서 재첩국을 팔았다. 평평한 평지면 다행이지만 부산이라는 지리적 특성상 대부분의 동네가 비탈길에 위치해 있어서 계단을 수백 번 수천 번 오르내려야만 했다. 그것도 맑은 날씨는 괜찮지만, 어쩌다가 비가 오거나 특히 춥고 눈이 내리는 겨울철에는 길이 빙판을 이루어 조심하지 않으면 미끄러져 큰 낭패를 불러 올 수 있었다.

골목에서는 아침에 재첩국 장사를 하는 사람들과 마찬가지로 '쨍그랑 쨍그랑' 손으로 종을 흔들며 두부를 파는 두부 장수도 있었다. 기다란 막대기를 어깨에 지고 그 막대기 앞뒤 끝에는 두부 상자가 매달려 있었다. 아저씨들은 "두부 사~ 려~." 하면서 두부를 외쳤다.

약간 비릿한 재첩국 냄새 때문에 아이들은 재첩국을 멀리 하기도 했지만 그 전날 술을 많이 먹거나 속이 안 좋은 어른들에게 재첩국만한 속풀이국도 없었다. 뿌연 재첩국 위에 정구지(부추)를 쏭쏭 썰어서 넣고 고춧가루를 한 숟가락 뿌려서 먹으면 아침 해장국물로서는 최고였다.

사람들은 재첩국 장수들을 아침마다 기다렸다. 손에는 작은 양은 냄비나 그릇을 들고 있다가 골목에서 "재첩국 사이소!"라는 말이 들리기가 무섭게 재첩국 장수들을 불렀다.

"재첩국 한 그릇 주이소."

그런 사람들은 대개 오랫동안 재첩국 장수들에게는 단골이었다.

"아저씨는 요즘도 약주를 많이 들고 오세요?"

늘 다른 사람들처럼 재첩국을 찾는 아주머니에게 한분이 할머니가 물었다.

"어제 또 잔뜩 술에 취해 들어왔지 뭐예요. 뭔 술을 그렇게 많이 마시는지."

빈 양은 냄비를 재첩국이 담긴 물동이 앞으로 내밀면서 아주머니가 하소연하듯이 말을 내뱉었다.

"그래도 이렇게 아침에 재첩국이라도 끓여 주니 보기가 좋구먼."

할머니는 마치 손녀딸처럼 대견하다는 듯이 추켜세웠다.

그리고 다시 물동이를 이고 "재첩국 사이소! 재첩국." 하고 외치니 어김없이 또 할머니를 부르는 목소리가 들렸다.

할머니는 식구가 많은 집에는 그릇 가득 재첩국을 담아 주었다. 인정 없이 돈에 맞게만 주는 법이 없었다. 식구 수를 생각해서 넉넉하게 담아 주었다. 밑에 깔린 재첩을 휘휘 저어서 재첩 알맹이가 동동 뜨게 해서 비록 찬은 적지만 국물이라도 넉넉하게 배부르게 먹이고 싶은 어머니의 마음이 담겨 있었다.

그렇게 재첩국을 다 팔 때쯤이면 먼동이 텄다. 걸어 다니느라 발이 부르트고 온몸은 쑤시고 뻐근해졌다. 목은 무거운 물동이를 이느라 뻣뻣해졌고 다리는 후들거렸다. 할머니는 빈 물동이를 내려다 놓고 한시름을 놓았다. 괴춤에서 담배를 꺼내어 한 모금 깊게 연기를 빨아 당기니 그제야 피로가 풀렸다.

할머니는 시장에 빈 물동이를 모아 두는 곳에 물동이를 맡기고 옷천막으로 발걸음을 옮겼다.

몇 년을 늘 한결같이 다니던 길이었다. 세월이 많이 흐른 것 같았다. 앞으로 얼마나 더 이 일을 할지 몰랐다. 그렇지만 그만두어야 되겠다는 생각을 해본 적은 없었다. 마치 이 일이 천직이려니 하고 할머니는 그렇게 사셨다. 할머니의 마음속에는 한분이가 어서 빨리 커서 좋은 신랑감을 만나서 시집가면 좋겠다는 생각뿐이었다. 할머니는 서둘러 아직 잠자리에 있을 한분이에게로 향했다. 할머니의 머리카락이 더욱더 하얗게 세 보였다.

황구

학교에 갔다 오면 황구는 언제나 반갑다며 꼬리를 흔들며 달려왔다. 털이 누렇다고 해서 '황구'라고 이름 지었다. 황구는 늘 내 곁을 떠나지 않았다. 동네 아이들과 놀 때에도 황구는 내 곁에서 어슬렁거렸고, 동네 아이들과 전쟁놀이를 할 때에도 내가 들키지 않으려고 바닥에 납작 엎드리면 황구도 눈치를 채고는 나와 같이 납작하게 엎드려 소방울만한 큰 눈으로 나를 쳐다보았다. 나는 그럴 때마다 황구에게 웃음을 지어 보였다. 황구도 내 마음을 알았는지 누런 꼬리를 좌우로 흔들며 반갑다고 표시했다. 그러다가 꼬리를 너무 크게 흔들고 컹컹거리며 짖다가 들키기도 했다. 그래도 황구가 좋았다. 황구는 언제나 내 편이었다.

산에서 뱀을 잡을 때면 황구는 늘 앞장섰다. 용돈이 넉넉지 않은 아이들은 용돈을 마련하기 위해 산 속으로 뱀을 잡으러 갔다. 산 속에서 아이들이 늘 놀았던 터라 뱀을 발견하기는 어렵지 않았다. 어른 손가락만한 굵기의 뱀은 매끈한 몸으로 아이들과는 아무런 상관이 없다는 듯이 유유히 바위 사이를 지나갔다. 뱀을 발견한 아이들은 놀람 반, 기쁨 반으로 '와!' 하는 함성을 질렀고, 같이 곁에 섰던 황구도 크게 짖으며 힘을 보탰다. 그러나 뱀을 죽이지 않고 온전히 사로잡아서 가져가야 하는데 번번이 황구가 물어 죽여서 소용이 없었다. 그러자 다음부터는 뱀을 발견하더라도 황구를 붙잡고 풀어주지 않았다. 황구는 아이들의 마음도 모른 체 놓아달라고 컹 컹 소리를 치며 달려들려고 애를 썼지만 그러나 아이들은 황구를 놓아주지 않았다. 아이들은 비록 황구가 뱀을 잡지는 않더라도 황구가 같이 있는 것만으로도 크게 안심이 되었다. 황구는 나는 물론이고 동네 친구들에게도 최고의 친구가 되어 주었다,

그러던 어느 날이었다. 학교를 마치고 집으로 오니 황구가 보이지 않았다. 집 안팎을 샅샅이 뒤졌지만 황구가 없었다,

"황구야! 황구야!"

집에 들어서기가 무섭게 나를 발견하고는 꼬리를 치며 달려오던 황구가 보이지 않았다.

겁이 덜컥 났다. 황구에게 무슨 일이 생긴 게 틀림없었다. 아니면 지금쯤은 황구가 어디서라도 나타났을 것이기 때문이다.

'무슨 일이지?

나는 속으로 계속 황구 생각을 하면서 이리저리 주위를 살폈다,

"황구야! 황구야!"

골목을 돌면서 큰 소리를 황구를 불렀지만 대답이 없었다.

'어디 갔을까? 이런 일이 없었는데. 정말 무슨 일이 생긴 것일까?'

집에는 엄마도 보이지 않았다. 엄마라도 계셨으면 물어라도 봤을 것인데, 어떻게 찾을지 몰랐다.

그때였다. 친구 경철이가 달려왔다.

"대영아! 대영아! 큰일 났다. 빨리 와봐."

친구 경철이는 내가 무슨 일인가 묻기도 전에 내 손을 잡아끌고 동네 뒷산으로 올라갔다.

"무슨 일인데? 왜?"

"지금 아래 동네 아저씨들이 황구 끌고 산으로 올라가는 것을 봤는데, 아마도 잡아먹을라고 데리고 가는갑더라."

"뭐!"

나는 대답과 동시에 산으로 올라갔다.

"황구야! 황구야"

친구 경철이도 같이 소리쳤다.

"황구야! 황구야!"

마침 동네에서 놀던 아이들이 무슨 일인가 싶어 우리 뒤를 따라 산으로 올라갔다.

산길을 잘 알기 때문에 우리는 어디쯤에 아저씨들이 있을 거라고 예상했었다. 그리고 예상이 맞았다. 산길을 조금 올라가서 오른편으로 접어

드니 언덕 뒤편에서 황구가 짖는 소리가 들렸다.

"컹! 컹! 컹! 컹!"

우리가 부르는 소리를 들었는지 더 크게 짖었다.

"황구야! 황구야!"

산모퉁이를 돌아서서 냇물이 흐르는 쪽으로 가보니 아래 동네 아저씨들로 보이는 사람들 네댓 명, 그리고 솥과 풍로가 널려 있었고, 목줄에 매인 황구가 펄쩍 펄쩍 뛰며 우리를 보고 반가워하면서 짖었다.

"황구야!"

"컹! 컹!"

"아저씨들 여기 뭐 하는 거예요? 우리 황구 가지고 뭐 하는교?"

아저씨들은 우리와 동네 아이들이 우르르 몰려오자 놀란 표정이었다. 그리고 일이 틀렸는지 황구를 놓아 주었다.

"에이……."

"우리 동네 아저씨들에게 가서 다 말할 거예요."

아저씨들은 동네 아이들이 죄다 산으로 올라오니 어떻게 할 수 없었던 모양이었다. 우리도 놀랐지만 그때 나와 경철이를 따라 산으로 올라온 아이들은 족히 30명은 넘어 보였다. 쪼그마한 꼬마까지도 모두 산으로 올라왔던 것이다.

경철이가 학교를 마치고 다른 아이들보다 빨리 웃천막으로 올라와서 집으로 들어가는데 어디선가 황구가 짖는 소리가 들렸다는 것이다. 황구가 짖는 소리는 동네 아이들이 모두 다 알고 있던 터라 경철이는 무슨 일인가 하고 황구가 짖는 곳으로 가 보았다고 했다. 그런데 그때 아저씨들 몇 사람이 황구를 끌고 뒷산으로 올라가더라는 것이다.

"황구야! 황구야!" 하고 불렀지만 사람들이 황구를 질질 끌고 올라가서 어떻게 할 수가 없어서 급히 우리 집으로 뛰어 왔는데 그때 마침 황구를 찾고 있던 나를 발견했던 것이었다. 하마터면 큰일 날 뻔한 일이었다.

그날 그렇게 황구를 데리고 산으로 올라갔던 사람들은 아버지와 동네 사람들에게 크게 혼이 나야만 했다. 그리고 다시는 우리 동네에 얼씬거리지 않겠다는 각서를 썼다고 했다. 한 번만 더 그런 일이 생기면 파출소에 신고하겠다고 단단히 엄포를 놓고 왔다고 했다.

그날 저녁 황구는 낮에 무슨 일이 있었느냐는 듯이 태연한 모습으로 마당에 서 있었다. 목에는 목줄을 매어서 단단히 기둥에 묶어 놓았다. 아버지께서는 마루에 걸터앉아 황구를 보시면서 혼자 말로 말씀하셨다.

"얼라들 똥만 안 주워 먹으면 좋은데……."

황구는 똥을 좋아했다. 걸음마하는 아이들이 마당에서 똥을 누면 황구는 아이들 똥을 모두 받아먹었다. 사람들은 그래서 황구를 똥개라고 했다. 그렇지만 나에게 황구는 똥개가 아니라 친구였다. 겨울에도 부뚜막에서 황구 곁에서 같이 자면 얼마나 따뜻했는지 모른다. 황구도 아마 말은 안 해도 나처럼 따뜻했을 것이다. 황구는 오래도록 웃천막에서 우리와 같이 살았다.

부끄러움 없는 삶

"쿨럭, 쿨럭."

금방이라도 쓰러질 듯한 낡은 움막 집 밖으로 해묵은 기침 소리가 흘러나왔다.

나무 조각들을 얼기설기 모아서 짜 맞춘 문을 열고 들어서니 담배 냄새와 나무 타는 냄새가 확 풍겨왔다. 손바닥만한 작은 창문으로 희뿌옇게 햇빛이 들어와 방 안을 비춰줘서 그나마 방 안을 겨우 살펴 볼 수 있었다. 부엌에 연이은 방 안에는 여기저기 담뱃재가 가득히 쌓여 있었다. 담배는 꽁초 그대로 하얀 종이를 입고 무더기를 이루며 쌓여 있기도 했고, 꽁초를 다 풀어서 담배만 모아둔 것도 있었다. 할아버지는 등을 돌린 채 무언가를 열심히 만지고 있었다.

"할아버지 뭐 하세요?"

"으응. 담배 까."

"담배요?"

"응."

동네 아이들은 가끔 학도 할아버지 집을 찾았다. 할아버지는 식구들이 없이 혼자 살았다. 나라에서 배급으로 나오는 쌀이나 밀가루를 받아서 생활하며, 겨우 살고 있었다. 할아버지는 너무 연세가 많아서 일을 할 수 없었다. 어디가 아픈지는 몰라도 오래된 기침을 자주 뱉어 냈다. 혹시 폐결핵이 아닌가 의심이 들어서 동네 사람들이 시내에 내려가 보건소에 한번 가보시라고 권해도 한사코 사양만 했다.

"여기 오면 안 돼. 어른들 알면 큰일 나. 어서들 가."

"괜찮아요. 조금만 있다가 갈게요."

동네 어른들은 행여나 아이들에게 기침이 옮을까 염려되어 할아버지 집에 가는 것을 단속했지만, 그렇다고 못 갈 집이라고 말할 정도는 아니었다.

일거리가 없는 할아버지는 시내를 하루 종일 돌아다니며 담배꽁초를 주웠다. 할아버지는 그렇게 주운 담배꽁초를 집으로 가지고 와서 담배꽁초를 하나하나 풀어서 햇볕에 말렸다가 시장 길거리에 앉아서 한 되나 반 되씩 팔았는데, 대담배나 종이에 담배를 말아서 피우는 이들이 주로 샀다. 동네 어른들도 가끔 담배가 필요하면 할아버지에게 와서 담배를 샀다. 어머니도 아버지 몰래 담배를 사다가 신문지 종이나 습자지로 만든 얇은 달력을 잘라다가 담배를 말아서 피웠는데 담배 연기가 독한지 담배를 피우면서도 연신 콜록거리셨다.

며칠 뒤 시장에서 놀던 아이들은 시장에서 담배꽁초를 줍는 할아버지를 발견할 수 있었다. 할아버지는 사람들 사이를 다니며 길거리에 떨어진 담배꽁초를 줍고 계셨다. 담배꽁초는 사람들의 발에 아무렇게나 밟힌 채로 버려져 있었다. 할아버지는 주위 사람들의 시선 따위는 신경 쓰지 않았다. 물론 오랫동안 그렇게 담배꽁초를 주워가며 사는 할아버지를 이상한 눈으로 바라보는 사람도 없었다. 가난한 시절이라 할아버지의 그런 일도 삶의 한 방편이었다. 그들은 할아버지가 그렇게 주워 모은 담배꽁초를 말려서 팔러 나오면 기다렸다가 한 움큼씩 사다가 피웠기 때문이다.

아이들은 노는 것을 멈춘 채 할아버지처럼 담배꽁초를 줍기 시작했다. 아이들은 서로 많이 주우려고 야단이 났다. 쓰레기통을 들추고, 서서 담배 피는 사람들 모습을 살폈다. 그러다가 담배꽁초를 버리기가 무섭게 달려들어서 주웠다. 마치 동물원에서 관람객들이 먹을 것을 던져주기를 기다렸다가 던지기가 무섭게 재빨리 낚아채서 먹는 것처럼, 아이들의 행동은 재빨랐다.

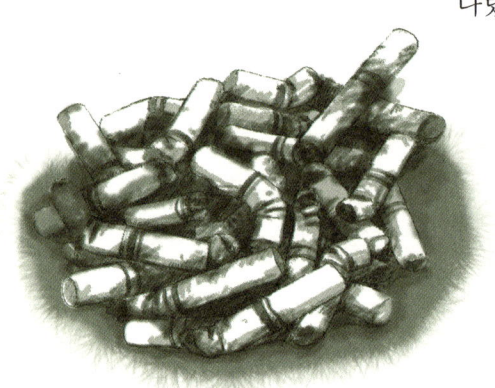

그런 아이들을 발견하고 할아버지가 허리를 펴고 손을 휘저으며 줍지 말라고 말렸지만 아이

들은 그럴수록 더 신나서 담배꽁초를 주우러 돌아 다녔다. 그리고 그렇게 주워 모은 담배꽁초를 가지고 아이들은 의기양양해하며 할아버지에게 내밀었다.

"할아버지 여기 있어요."

"할아버지 저두요."

아이들은 무슨 큰 공을 세운 것처럼 앞 다투어 할아버지 앞으로 전공물들을 내밀었다.

"하지 마. 이러지 않아도 돼."

할아버지는 손 사례를 치시면서 담배꽁초를 줍느라 시커메진 아이들의 손과 담배꽁초가 가득 든 봉지를 바라보았다.

"어여들 올라가. 이런 일 하지 말고 집에 가서 밥이나 먹어."

아이들이 주은 것은 할아버지가 몇 시간을 걸려야 주을 정도의 많은 양이었다.

"저기 가자, 내 맛있는 거 사줄게."

할아버지는 아이들을 데리고 시장 안에 있는 튀김집으로 갔다.

어느 날 할아버지가 병원으로 실려 가셨다는 소식이 들렸다. 시장에서 담배꽁초를 줍다가 쓰러지셨다고 했다. 시장 상인들이 급히 할아버지를 병원으로 업고 갔다고 했다. 동네 어른들 몇 분이 할아버지 입원해 계시는 병원에 다녀오셨는데 별로 표정이 좋지 않았다. 몸 상태가 안 좋다는 말씀만 하실 뿐 말이 없었다. 할아버지 집에는 아무 소리도 들리지 않았다. 문을 열어 보아도 인기척이 없었다. 방 한쪽 구석에 담배꽁초와 풀어 놓은 담배만 수북이 쌓여 있을 뿐 할아버지는 없었다.

할아버지가 안 계신 동안에 아이들은 시장에 내려가 담배꽁초를 주웠다. 아이들은 할아버지의 몫보다 더 많이 주우려고 바쁘게 움직였다.

"할아버지 언제 나오실까?"

"빨리 나오실 거야."

아이들은 담배꽁초를 많이 주우면 할아버지가 빨리 나오실 것 같았다. 나중에 할아버지가 보시고 좋아하실 것만 같았다.

"남이 버린 것을 주워 먹으면 쓰간듸."

담배꽁초를 줍고 있는데 앞에서 호통 치는 말이 들렸다, 담배꽁초를 줍던 아이들의 손이 멈췄다. 앞에서 어떤 아저씨가 뱉은 땅에 떨어진 껌을 꼬마 여자 아이가 주워 먹었는지 나무라고 있었다. 아이는 눈에 눈물이 그렁그렁한 채 고개를 떨어뜨리고 있었다.

아이들은 손을 슬그머니 뒤로 감추었다. 아이들의 손에는 방금 땅에서 주운 담배꽁초가 꼭 쥐어져 있었다. 아이들은 눈만 끔벅거릴 뿐 말이 없었다. 땅에 떨어진 것을 주우면 안 되는 것일까. 땅에 떨어진 것을 주우면 거지라고 놀렸다. 그러나 땅에 떨어진 것이라도 줍지 않으면 살기가 어려웠다. 남들 보기에는 부끄럽지만 허리를 숙이고 땅에 떨어진 것을 주어야만 살 수 있었다. 그것은 실상은 부끄러운 일이 아니었다. 살기 위해서는 할 수 없는 일이었다.

아이들은 할아버지의 기침이 너무 오래되었다는 의사 선생님의 말씀과 금방 일어날 일이 아니라는 것을 모르고 있었다. 밤에 별 하나가 긴 포물선을 그리며 산 너머 저쪽으로 떨어졌다.

돈 이야기

뿌연 담배 연기가 작은 방 안을 가득 매웠다. 담배 연기는 숨쉬기조차 어려울 정도로 탁했고, 사람들은 계속해서 담배 연기를 내뿜었다. 재떨이에는 담배꽁초가 수북이 쌓여갔다. 방 안에 앉아 있는 사람들은 미동도 없이 앉아 있었다. 대여섯 명의 어른들이 앉아 있는 방 안은 앉을 자리조차 없을 정도로 좁았다. 그런 가운데에도 사람들은 손에 든 화투장에서 눈을 떼지 않았다. 긴장감마저 도는 방 안은 화투 치는 소리만이 사람이 있다는 것을 말해주고 있었다.

일거리가 없는 사람들은 마치 약속이라도 한 듯이 아침 댓바람부터 상진이 삼촌 집으로 몰려들었다. 상진이 삼촌은 아이롱(다리미) 행상을 했는데 자주 노는 일이 많았다. 그래도 동네에서는 제법 돈을 잘 번다고 소문이 나 있었다. 그래서 그 때문인지는 모르지만 돈이 필요한 사람들은 상진이 삼촌에게 와서 늘 돈을 꾸어 갔고, 상진이 삼촌은 그런 사람들을 마다하지 않았다. 어른들은 다른 사람들보다는 낮게 이자를 받아서 좋다고 했다. 아마도 그게 상진이 삼촌을 좋아하는 것이 아니었나 생각된다. 그렇다고 '일수놀이'처럼 '돈 놀이'하지는 않았다.

"어이! 상진이, 그 돈 다 모아서 뭐 할런가?"
화투장을 힘껏 내리치면서 철봉이 아버지가 부럽다는 듯이 툭 내뱉었다.
"허 허, 뭐 하긴 뭐해요. 그리고 저 돈 없어유."
"아, 이 사람 없기는 왜 없어. 동네에서 소문났는데. 안 그래"
이번에는 옆에 앉아서 조용히 화투판만 주시하고 있던 철진이 아제가 거들었다.
"우리 동네에서 제일 돈 많다고 소문났어. 어디 좋은 색시 있는감?"
"아이구, 아저씨 누가 듣겠어유. 그런 말씀 하지도 마슈. 누구 장가 못 가는 꼴 볼라고 그래요."
상진이 삼촌은 혹시라도 누가 들으면 어떻게 하나 하는 표정으로 정색을 하며 애써 바깥을 살피는 시늉을 했다.
"그러면 내년 봄에 장가가게. 자꾸 시간만 보내지 말고……. 내가 중매해줘?"
"아이고 아닙니더. 좀 있다 할랍니더. 조금만 더 있다가에."
"허, 참. 별일이네……."

"가만두게, 정승도 제 싫으면 안 한다 하지 않는가. 그냥 내버려둬."
"아, 알았어."
사람들은 더 이상 말 해봤자 소용없다는 것을 알았는지 더 이상 말을 꺼내지 않았다.

며칠 뒤 아침 시간에 동네가 부산했다. 간밤에 상진이 삼촌 집에 도둑이 들었던 것이다.

도둑은 상진이 삼촌이 자는 방에 몰래 들어와서 장롱 안에 감춰두었던 돈을 몽땅 훔쳐가 버리고 말았다. 상진이 삼촌은 피곤해서 일찍 잠자리에 들었는데, 새벽에 누군가가 상진이 삼촌을 깨우는 것 같아서 눈을 뜨고 일어나는데 머리가 깨어질 듯이 아프더라고 했다. 그리고 어둠 속에서 누군가가 밖으로 나가는 것을 봤다고 했다. 부엌문도 활짝 열려 있었고 찬바람이 불어 왔다고 했다. 사람들이 살펴보니 부엌에는 반쯤 타다 만 연탄이 그대로 놓여 있었다. 상진이 삼촌은 연탄가스를 마시고 어지러웠던 것이었다. 하마터면 큰일 날 뻔한 일이었다.

동네 아주머니들이 동치미 국물을 가져오고 난리가 났다. 천하에 죽일 놈이라고 말했다. 까딱했으면 생사람 잡을 뻔했다고 욕을 쏟아냈다. 그까짓 돈이 뭐라고 이런 짓을 하느냐고 마치 도둑이 들을 것처럼 말을 했다.

그러나 사실은 그것이 아니었다. 불이 꺼진 연탄은 상진이 삼촌이 전날 저녁에 잘못 피워 놓은 연탄이었다. 그 때문에 연탄가스를 마셨는데, 도둑이 들어왔다가 연탄가스 냄새를 맡고 문을 열고 상진이 삼촌을 깨우고는 달아난 것이었다. 그 도둑 때문에 목숨을 건진 것이었다.

낮에 학교 밑에 있는 파출소에서 순경이 올라왔다. 순경은 상진이 삼촌을 찾아서 자세한 상황을 물으며 조사했다. 상진이 삼촌이 잃어버린 돈은 직장에 다니는 사람이 몇 달을 다녀야 모을 수 있을 만큼 큰돈이었다. 사람들은 그 말을 듣고 아까워했지만 정작 상진이 삼촌은 담담한 표정이었다.

나중에 더 조사해 보니 목격자가 있었다. 동네 입구에 있는 상재 아버지가 새벽에 일어나 바깥에서 소변을 보고 있는데 누군가가 급히 허겁지겁 동네를 벗어나 산 아래로 내려가더라고 했다. 너무 어두워서 자세히 얼굴을 보지는 못했는데 꽤 다급하게 보이더라고 했다.

"그 사람이 도둑이네, 맞아."

"그때 잡았어야 되는데……."

사람들에게 아쉬운 표정이 역력했다. 한편으로는 웃천막 사람들 중에 도둑이 없다는 것이 확인되었기 때문에 다행스럽다는 말도 나왔다. 그러나 아쉽게도 이미 도둑은 멀리 달아나 버린 상태에서 어떻게 하지도 못하고 그렇게 끝나고 말았다. 상진이 삼촌은 돈보다 귀한 목숨을 건졌던 것이었다.

그렇게 상진이 삼촌이 도둑맞은 일이 잊힐 즈음이었다. 한 통의 편지가 상진이 삼촌네 방에 떨어져 있는 것을 발견했다. 봉투에는 누가 보냈는지 이름도 없이 편지 한 통만 들어 있었다.

"미안합니다. 드릴 말씀이 없습니다. 이렇게라도 해서 소식을 전해야만 나을 것 같아 편지를 씁니다. 그날 돈을 훔쳐갔던 사람입니다. 돈은 차차 모아지는 대로 반드시 꼭 갚도록 하겠습니다. 그날 훔쳐갔던 돈은 제가 쓰지 않았습니다……."

편지 사연은 이러했다.

같이 한 동네에 사는 사람 중에 병이 너무 오래 중해서 집에 누워 있는 가장이 있다고 했다. 시장에서 행상을 하면서 겨우 겨우 버텨 가며 살았는데, 어느 날인가 병명도 모른 채 눕게 되었다는 것이다. 행상을 하면서 그래도 하루에 몇백 원씩 벌이로 살았는데 그마저도 벌 수 없게 되었던 것이다. 시간이 갈수록 병은 더 악화되고 외상값은 늘어나고, 아이 학비조차 내기 어려운 지경에 이르렀다고 했다. 아주머니도 안 계시고, 이제 아홉 살짜리 남자 아이가 물을 긷고 냄비에 밥을 하는 모습을 보고 가슴이 너무 아팠다고 했다. 동네 사람들이 얼마씩 돈을 거두어서 도와주지만 밑 빠진 독에 물 붓기가 되었고 어떻게 해결할 수가 없는 난감한 지경에 이르렀다는 것이다.

  그리고 마침 그때 서울에 있는 병원에 입원하면 고칠 수 있다는 이야기가 전해졌다는 것이다. 그러나 걱정은 그것으로 끝나지 않았던 것이다. 병원 입원비가 없으니 서울에 갈 수 없게 된 것이었다. 그러다가 우연히 웃천막에 사는 상진이 삼촌 이야기를 듣게 되었다는 것이었다. 그래서 할 수 없이 그렇게 해서라도…….

  상진이 삼촌 입에서 한숨이 나왔다. 자신의 생명과 잃어버린 돈을 바꿨다고 생각은 했지만, 잃어버린 돈이 또 다른 사람의 생명을 구하는 데 사용되었다는 말에 기뻤던 것이다.

  상진이 삼촌이 가진 돈은 늘 그렇게 좋게 쓰였다. 상진이 삼촌의 돈은 도둑맞은 것이 아니라, 좋은 일에 사용되었던 것이었다.

  그리고 오랜 시간이 흐른 후에 상진이 삼촌은 다시 그 돈을 돌려받게 되었다고 한다. 많은 돈은 아니지만 이자까지 합해서 말이다.

사랑으로 지은 옷

자는 아이의 얼굴을 보니 천사처럼 맑다.

엄마는 잠자는 현우의 얼굴을 내려다보았다. 낮에 놀 때에는 개구쟁이 같은데, 잠자는 얼굴을 보니 개구쟁이는 온데간데없고 천사가 숨을 색색거리며 누워 자고 있다. 살그머니 웃음이 나왔다. 언제 이렇게 커서 이제는 업기도 버거울 정도가 되었는지 모른다. 그래도 싫지만은 않다. 눈에 넣어도 아프지 않다는 말이 바로 이것을 두고 하는 말인가. 발로 이불을 툭 차는 현우를 보고 이불을 다시 끌어다가 살포시 덮어주며 고운 뺨에 입을 맞췄다.

'사랑하는 우리 아기.'

오늘은 마침 초등학교 가입학식이 있는 날이다. 동네 형들이 학교에 갈 때마다 얼마나 가고 싶어 했는지 모른다. 집에서 몽당연필로 삐뚤삐뚤하게 '김·현·우'라고 쓰면서 현우는 학교 갈 날만 손꼽아 기다렸다. 동그라미, 세모, 네모도 척척 그리고, 뱅뱅 돌려가며 팽이 같은 원도 잘 그렸다.

현우도 오늘 가입학식 날이라는 것을 아는지 일찌감치 일어나 제 혼자 부엌으로 나가 세수를 하고 얼굴에 물기가 잔뜩 묻은 얼굴로 방으로 들어왔다. '고양이 세수'와 다를 바 없었다. 그래도 대견해 보였다. 제 스스로 이렇게 한다는 것이 기뻤다. 그 모습을 보고 엄마는 웃지 않을 수 없었다.

"현우야, 이리와 봐. 엄마 '동동구리무' 발라 줄게."

현우는 미처 얼굴의 물기를 다 딱지도 않은 얼굴을 엄마에게 내밀었다. 엄마는 현우의 얼굴에 이마랑, 양 볼에, 그리고 턱에 살짝 크림을 찍어 놓고 문지르며 얼굴을 화장해 주었다.

"현우야, 오늘 어디 가는 날이지?"

"학교에."

"학교에 가면, 선생님 말씀 잘 듣고, 친구들과 사이좋게 잘 지내야 돼. 알겠지."

"예."

현우는 벌써 다 커 있었다. 엄마가 발라주는 크림을 얼굴 가득히 받으며 현우는 걱정하지 말라는 듯이 눈을 감고 볼에 힘이 가득 들어가 있었다.

현우도 아는 것 같았다. 태어나서 처음으로 제 또래의 아이들과 만나는 날이다. 물론 동네 아이들 중에도 같은 또래의 아이들이 있지만, 생전 처음 보는 아이들을 만나기 때문에 느낌이 다를 것이다. 눈을 감고 있는 현우는 지금 어떤 생각을 하고 있을까…….

    동네에서 현우와 같이 입학하는 아이들이 엄마들과 함께 학교를 찾았다. 아이들은 신이 나서 어쩔 줄 몰라 했다. 산길을 내려가는데도 넘어질까 아슬아슬하게 달음박질치며 아래로 내달렸다. 멀리 학교 운동장에 사람들이 개미같이 움직이는 것이 보였다. 스피커에서는 무슨 소리를 하는지 연방 소리를 지르고 있었다.
    그렇게 앞서거니 뒤서거니 하며 내달리던 아이들이 교문 앞에서 걸음을 멈추더니 다소 긴장했는지 얼굴이 굳어졌다.
    "어서 오세요. 게시판에 붙은 이름 보고 자기 반 찾아서 서 주세요."
    교문 앞에서 선생님으로 보이는 분이 이야기를 해주었다.
    아이들은 더욱더 긴장했다. 개구쟁이의 모습들은 어디로 갔는지 보이지 않았다. 그냥 말없이 엄마 손을 붙잡고 운동장 한가운데로 걸어 들어갔다.
    제 반을 찾아 선생님께 인사하고 줄을 맞추어서 앞으로 나란히 하고 있는 현우의 모습이 눈에 들어왔다. 또래 아이들과 같이 잘 어울리고 있었다. 아직 말은 없이 서먹서먹한 모습이 역력하지만, 며칠 지나지 않으면 개구쟁이의 모습을 보일 것이 분명했다. 현우는 그랬다. 처음 보는 사람이라도 몇 분만 지나면 금세 친해졌다. 동네에서도 늘 동네 아이들을 끌고 다녔다. 아침에 눈을 뜨자마자 동네 아이들이 현우를 찾아 올 정도로 사교성이 좋았다.

그렇게 현우와 아이들을 번갈아 살펴보던 엄마의 눈에 현우가 입고 있는 옷이 눈에 들어왔다. 아침에 평소와는 다르게 남다른 옷을 입힌다고 했는데 어딘지 현우가 입고 있는 옷이 얇아 보였다. 늘 동네 아이들과 땀을 흘리며 뛰노는 모습 때문에 미처 현우가 추울 거라고 생각을 못 했던 것이었다. 3월 초 겨울 날씨는 추웠다. 다른 아이들을 보니 귀마개도 하고, 털모자도 쓰고, 옷도 털실로 짠 옷을 입고 있는 아이들이 많았다.

'얼마나 추울까?'

멀찌감치 떨어져서 현우를 살피니 현우는 그런 엄마의 마음을 아는지 모르는지 옆에 있는 친구와 벌써 말문을 텄는지 웃으며 장난을 치고 있었다. 현우의 볼이 빨갰다. 손을 비비는 모습을 보니 엄마 마음이 아렸다.

며칠 전 시내 시장을 보러 갔다가 겨울옷을 하나 장만해주려고 가격을 물어보니 너무 비싸서 몇 번이고 옷을 들었다 놨다 하다가 그만 집으로 올라와 버리고 말았다.

'내가 너무 무심했는가?'

현우 옷 하나 사줄 형편이 못 되는 가난이 원망스러웠다. 가슴속으로 눈물이 났다. 콧물이 돌면서 괜스레 눈시울이 붉어졌다.

집으로 올라오면서 현우는 친구들과 나눈 이야기를 들려주었다. 친구가 자기 집에 놀러 오라고 하더라는 말을 했다. 친구 집에는 텔레비전도 있다는 말을 했다. '잘사는구나.' 하는 말이 목구멍으로 나오려는 것을 엄마는 가까스로 참았다. 현우에게 상처를 주고 싶지 않았다. 우리 선생님이 제일 예쁘다느니, 옆 반 남자 선생님은 호랑이처럼 무서워 보인다느니, 오늘 학교에서의 일을 재잘재잘 여자 아이처럼 쏟아냈다. 그리고는 집에 오기가 무섭게 또 동네 아이들과 놀러 간다며 뛰어 나갔다.

식구들이 모두 잠든 밤에 엄마는 바느질을 하고 있었다. 엄마 손에는 하얀색 두꺼운 옷이 들려 있었다. 그 옷은 예전에 아는 사람이 겨울에 입으라고 준 것이었다. 구호품으로 들어온 같았다. 한겨울에 입으면 좋을 정도로 따뜻했다. 엄마는 가위로 실밥을 한 올 한 올 따고 있었다. 엄마의 머릿속에는 오늘 낮에 보았던 현우의 얇은 옷이 눈에 밟혔다. 집에 보관해 둔 하얀 옷이 생각이 났다. 현우에게 맞추어 입히면 좋을 것 같다는 생각이 들었다.

엄마의 바느질은 늦은 밤까지 계속되었다. 희미한 호야등 사이로 하얀 옷이 드러났다. 한 땀 한 땀 다시 엄마는 현우가 입을 옷을 만들고 있었다. 돈이 없어서 새 옷을 사주지는 못했지만 이것이라도 입히고 싶었다.

현우네 식구들이 모두 잠든 밤에 흰 눈이 소리 없이 하얗게 내렸다. 현우 머리맡에는 간밤에 엄마가 만든 현우의 옷이 흰 눈처럼 하얀색을 하고 가지런히 놓여 있었다. 엄마도 현우도 하얀색 옷 꿈을 꾸고 있었다.

나는 만화방이 좋더라

학교 앞에서 놀던 아이들이 하나 둘 각자 집으로 돌아갈 즈음이었다.
친구 재준이가 불렀다.
"대영아, 우리 집에 가서 텔레비 안 볼래?"
"응? 너그 집에 텔레비 샀나?"
"응! 어제 아버지가 사왔더라."

재준이는 우리 반 아이들 중에 부자 축에 속했다. 대문도 크고 재준이는 자기 방도 있다고 했다. 시내 전파사에서 보던 텔레비를 샀다는 것이다.

나는 마다할 이유가 없었다. 텔레비를 보러 일부러 시내까지 가지 않아도 되기 때문이었다. 이제부터는 재준이네 집에서 텔레비를 실컷 볼 수 있겠다는 생각이 들었다.

같이 놀던 아이들이 모두 재준이 뒤를 따라갔다. 아이들은 재준이 집으로 가는 동안 김일 선수 이야기와 권투 선수 이야기로 시끄러웠다. 오늘 저녁에도 김일 선수가 나와서 일본 사람들을 이길 거라고 자신만만했다.

재준이는 큰 마당을 지나 건너편에 있는 방으로 우리를 데리고 갔다.

우리는 크게 소리를 내지 못하면서 속으로는 모두들 재미있어 하고 있었다.

큰 방 문을 열고 방으로 들어서는데 갑자기 말소리가 들렸다.

"텔레비 보려면 손발 씻고 와야지?"

차갑게 들리는 말소리였다.

방 안에는 재준이 어머니가 앉아서 뜨개질을 하시면서 방으로 들어서는 우리를 보고 계셨다.

"재준이는 씻었니?"

"……."

재준이 어머니는 재준이에게 씻었느냐고 물으시면서 나와 친구들을 쳐다보았다. 우리는 아무도 말을 하지 못한 채 서 있었다. 나는 내 발을 쳐다보았다. 친구들과 뛰어 노느라고 내 발은 시커멓게 때가 묻어 있었다. 친구들 발도 마찬가지였다. 나는 내 발이 그렇게 더러운지 몰랐다. 더러운 줄 모르고 살았다는 말이 맞다. 나는 집에서도 씻지 않고 잘 때가 많았다. 우리 엄마도 씻으라고 말씀만 하셨지 차갑게 냉기가 도는 말씀은 하지 않으셨다. 쥐구멍이라도 있으면 들어가고 싶은 마음이었다. 나는 어찌할 바를 몰랐다. 밖에 나가서 씻어야 할지, 아니면 그냥 모른 체하고 앉아야 할지…….

그때였다. 우물쭈물하고 있는 우리를 보고 재준이가 조용히 옷을 잡아당기며 밖으로 나가자는 시늉을 했다.

"드르륵."

방 문 밖으로 나가자 우리는 크게 숨이 쉬었다. 해방된 것만 같았다. 텔레비전을 보려다가 숨이 멎을 뻔했다.

"재준아, 내 그냥 집에 갈란다. 내일 보자."

나는 재준이가 미처 무슨 말을 하기도 전에 부리나케 책가방을 챙겨서 대문으로 뛰어 나갔다.

"나도 간데이."

아이들은 내가 나가자 기다렸다는 듯이 모두들 우르르 몰려 나갔다.

"잘 있어!"

나는 꼭 감옥에서 탈출하는 기분이 들었다. '그렇게 해서 재준이가 어떻게 살까?' 나는 재준이가 그렇게 해서 제대로 숨을 쉬면서 살 수 있을지 걱정이 되었다. 재준이 어머니는 발을 씻지 않으면 밥도 주지 않고, 텔레비전도 보여 주지 않을 것 같았다.

우리는 재준이네 집을 도망쳐 나오듯이 나와서 마치 약속이나 한 듯이 아래 동네에 있는 만화방으로 뛰어갔다. 아래 동네에 있는 만화방은 만화방과 붕어빵 파는 가게를 같이 하고 있었는데, 아저씨는 연탄가게도 나란히 같이 하고 있었다. 우리는 가끔 연탄을 배달하러 올라가는 트럭에 몰래 매달려서 덜컹거리는 재미를 느끼며 재미있게 놀기도 했다.

해가 어둑어둑해질 무렵 갑자기 들이닥치는 아이들을 보고 만화방 아저씨는 의아해하는 눈으로 우리를 쳐다보았다.

"너거들 어디 있다가 인자 오노?"

우리는 대답도 없이 아저씨네 큰 방으로 문을 열고 들어갔다. 큰 방에는 텔레비전을 보느라고 이미 아이들로 꽉 차 있었다. 아이들의 발은 재준이 어머니가 보면 기절할 정도로 모두 시커멓게 해 있었다. 그뿐만 아니었다. 온종일 땀을 흘리며 놀던 아이들이라 몸에서는 땀 냄새 쉰 냄새가 진동했다. 거기다가 만화방 안에서 굽는 붕어빵 냄새까지 섞여서 방 안은 숨쉬기조차 힘들 정도였다.

그러나 그런 냄새에는 이미 이골이 난 아이들이었다. 그것은 만화방 아저씨도 마찬가지였다. 아저씨는 아이들에게 텔레비를 보려면 씻고 오

라고 말하지 않았다. 아이들에게 만화를 다섯 권 보면 저녁에 텔레비를 보여 준다는 말씀은 하셨지만, 그것도 저녁이 되면 아무나 방문을 열고 들어가도 막지 않았다. 아저씨는 감시도 하지 않으시고 그냥 붕어빵만 굽고 계셨다. 가끔은 붕어빵을 굽다가 불량이 나거나 탄 것을 아이들에게 나눠 주기도 했다. 가끔은 "너그들 때문에 냄새를 못 맡는다."고 아주머니께서 너스레를 뜨셨지만 아주머니는 아저씨를 닮으셨는지 아저씨처럼 아이들을 똑같이 대해주셨다.

아래 동네 사람들뿐만 아니라, 아래 천막, 웃천막 사람들에게 연탄집 일도 중요한 일이었다. 사람들은 집으로 올라갈 때마다 가게에 들러서 연탄을 한 장이나 두 장씩 새끼줄에 꿰어서 가지고 올라갔다. 술을 마시고 비틀거리면서 올라가다 연탄을 깨기가 일쑤였다. 돈이 없어서 연탄을 살 형편이 못 되면 외상 연탄 주는 것도 기꺼이 했다. 그러나 한 번도 외상값을 갚으라고 말하지 않았다.

여름 어느 날 억수같은 비가 내렸다. 비는 도로를 메우고 산 위에서 내린 비는 사람들이 다니는 길까지 물로 가득 채웠다. 그 비 때문에 아저씨네 연탄 창고가 물에 잠기는 일이 일어났다. 연탄 창고 안에 있던 수천 장의 연탄이 모두 무너지면서 연탄창고는 물과 깨어진 연탄으로 범벅이 되고 말았다.

그런데 그때 그 일을 도우러 나섰던 사람들이 있었다. 바로 동네 사람들이었다. 아래 천막, 웃천막 사람들까지 모두 몰려 내려와서 연탄창고며 아저씨네 집을 청소해 주었다. 그 비 때문에 연탄을 외상으로 주고 외상값을 적어 놓은 장부가 모두 물에 젖어서 알아보기 힘들 정도였지만 아저씨는 외상값을 억지로 받아내려고 하지 않았다.

사람들은 스스로 외상 장부가 되어 주었다. 더 이상 외상 장부는 공책에 기록하지 않아도 되게 되었다. 사람들은 양심에 외상을 기록하고 외상값을 갚아 나갔다.

"덜커덕!"

방 문 바깥에서 붕어빵 틀이 뒤집히는 소리가 들렸다. 밤아 깊었는데도 아이들은 집으로 가지 않았다. 붕어빵 틀 옆에서 아주머니가 크게 하품을 하며 졸기 시작했다.

두레박

 겨울이 되면 아래 동네는 수도관이 얼어서 터지고 깨지면서 난리가 났다. 당장 밥을 할 물은 물론이고 세수며 빨래 할 물이 없어서 사람들은 물을 구하러 다니느라 애를 먹었다.

 그 와중에 난처한 것은 수도를 고치는 아저씨들이었다. 펄펄 끓는 물을 주전자에 담아서 언 수도관을 찾아다니며 녹이느라 바빴고, 땅에 파묻힌 수도관은 그 위에 장작불을 지펴서 땅 속에 있는 수도관으로 열기가 전해지게 해서 언 수도관을 녹였다.

 사람들은 물동이를 들고 긴 줄을 서서 물을 받았다. 일백 미터 정도는 기본이고 이백 미터, 삼백 미터까지 긴 줄을 지어서 자기 차례가 돌아오기만을 기다렸다.

 그래도 그게 어딘가. 겨울에 수도관이 얼지 않으면 집에서 수도꼭지만 틀면 물이 콸콸 쏟아졌다. 웃천막 사람들은 그것을 보면서 늘 부러워했다.

웃천막 사람들이 부러워하는 것이 두 가지 있었는데 하나는 화장실이었고, 또 하나는 수도였다.

웃천막 사람들은 공중변소를 이용했다. 몇몇 집은 집 문 옆에 화장실이 있었지만, 그러나 대부분의 사람들은 동네 끝 비탈에 있는 공중화장실을 이용했다. 사람들의 말에 의하면 처음 웃천막이 만들어졌을 때는 화장실도 없었다고 한다. 사람들은 급하면 산을 넘어서 볼일을 보러 가고 나중에는 천막에서 조금 떨어진 곳은 모두 대변투성이었다고 한다. 나중에 공중화장실이 만들어지면서 사람들은 공중화장실이 생긴 것만으로도 기뻐했다고 한다.

물은 절간 뒤에 있는 우물을 이용했는데, 사람들은 양동이를 머리에 이고 물을 나르거나 물동이를 매단 물지게를 지고 물을 날랐다.

아침 동 트기가 무섭게 일하러 나가고 해질녘이나 해가 지고도 한참 뒤에 집으로 돌아오는 사람들에게 물 긷는 일은 힘들었다. 그러나 사람들은 어쩔 수 없이 피곤한 몸을 이끌고 우물물을 길어야만 했다.

'물항아' 누나가 있었다. 사람들은 이름을 잘 몰랐다. 대충 들어서 '이진숙'이라고도 하고, 또 다른 이름을 말하기도 했는데, 사람들은 이름을 부르지 않고 그냥 '물항아'라고 불렀다. ('물항아'라고 언제부터 불렀는지는 몰라도 물과 항아리를 합쳐서 부른 것 같기도 하고, '울고 넘는 박달재'의 노래 가사에 나오는 '물항아'를 빗대어서 부른 것으로 보이기도 했다.)

얼굴은 그리 곱지는 않았지만 사람들에게 인심은 후했다. 손도 크고 덩치도 커서 웬만한 남자 어른도 팔씨름으로 모두 이겨냈다. 동네 사람들은 바빠서 물을 길을 수 없을 때면 누나를 찾았다. 사람들은 물 한 동이를 길어다 주면 1원씩 주었다. 누나는 물을 긷는 일뿐만 아니라, 빨래며 손이 필요한 일이면 마다하지 않고 도와주었다.

진눈깨비가 흩날리는 늦은 오후였다. 절간 뒤에 있는 우물가에서 누나가 두레박으로 우물물을 긷고 있었다. 산에서 흩뿌리는 눈은 누나의 머리카락을 하얗게 만들었다.

'첨벙……!'
'첨벙……!'

두레박을 우물 밑으로 내리고 몇 번이고 물을 뜨려고 했지만 물은 쉽게 떠지지 않았다. 가뭄에도 좀처럼 마르지 않는 우물이었다. 지난가을에 오랜 가뭄과 겨울에 비도 안 오고 눈도 자주 안 와서인지 우물물은 한눈에 봐도 물이 많이 없어 보였다.

옆에 있는 물동이에도 물이 반쯤밖에 차지 않았다. 얼마만큼 물을 떠다 날라야 하는지는 몰라도 꽤 애를 태우고 있었다.

그때였다. 날씨가 추워서일까 잡고 있던 두레박이 그만 우물 안으로 '첨벙' 하면서 떨어지고 말았다. 꽁꽁 언 손 때문에 두레박줄을 꽉 잡지 못한 게 화근이었다. 두레박줄은 미끄러지듯이 누나의 손을 미끄러지듯이 빠져 나가 우물 안으로 떨어지고 말았다.

이런 낭패가 어디 있을까. 우물 안을 내려다보지만 시커먼 두레박만 보일 뿐 어떻게 할 수가 없었다.

허리를 펴고 뒤를 돌아보니 주위에는 아무도 없었다. 어떻게든 빨리 이 일을 해결해야만 했다. 누가 우물물을 길으러 왔다가 두레박이 없으면 큰일이었다. 우물물은 웃천막 사람들에게 생명과도 같은 것이었다. 그것도 두레박이 없으면 무용지물이었다. 예전에 아이들이 장난치다가 두레박을 우물에 빠트려 혼이 난 적이 있었다. 그 뒤로 우물 한쪽에 잘 묶어 두었는데, 언제 두레박줄이 풀려 있었는지 알지 못했다.

누나는 우물곁에서 잠시 서성이다가 물동이를 두고 부리나케 집으로 뛰어갔다. 오래전부터 집에 있던 두레박이 생각났던 것이다. 집으로 와서 두레박을 가지고 허겁지겁 다시 우물가로 뛰어갔다, 그 사이 누가 와 있으면 큰일이었다. 마침 우물에는 아무도 없었다.

급한 마음에 두레박을 우물 안으로 던졌다.

"아!"

이게 어찌 된 일인가. 집에서 가져 온 두레박마저 우물 안으로 '첨벙!' 소리를 내면서 떨어져 버린 것이었다. 정말로 귀신이 곡할 노릇이었다. 한 번도 아니고 두 번씩이나 어떻게 이럴 수가 있을까.

누나는 그저 멍하니 쳐다볼 수밖에 없었다. 내리던 눈은 멎었지만 눈이 문제가 아니었다. 어서 빨리 두레박을 건져야 하는데 방법이 없었다.

그런데 하늘은 스스로 돕는 자를 돕는다고 하지 않는가. 그렇게 우물 앞에 서서 우물 안을 내려다보고 있을 때 우물 뒤편에서 아이들이 노는 소리가 들렸다. 아이들은 산 속을 뛰어다니며 나무로 만든 칼로 전쟁놀이를 하며 놀았는데, 마침 그때에 아이들의 노는 소리가 누나 귀에 들렸던 것이다.

"명철아! 두진아! 상구야!"

누나는 산 속에서 노는 아이들의 목소리를 알아듣고 이름을 불렀다.

그러자 아이들 소리가 잠시 멈추는가 싶더니 말소리가 들렸다.

"와예?"

"어서 내려 와봐라. 내 좀 도와도."

"뭔데 예."

"그냥 빨리 와 봐라."

숲속에서 웅성거리는 소리가 들리더니 이내 나무 숲 앞으로 아이들이 나타났다. 시커먼 얼굴에 모두들 나무칼을 하나씩 들고 무슨 일인가 하는 표정을 지으며 비탈을 내려왔다.

"뭔데 예."

"두레박이 빠져버렸다 아이가."

"두레박요?"

아이들은 모두 너나 할 것 없이 우물 안으로 고개를 내밀었다. 아이들 눈에 두레박이 두 개나 둥둥 떠 있는 것이 보였다.

"어쩌다가 이랬능교?"

"몰라, 나도 모르겠다."

누나는 자기도 황당하다는 듯이 아이들을 쳐다보았다.

잠시 뒤 아이들은 절간 옆에 있는 대나무 숲에서 얇고 긴 대나무를 자르기 시작했다. 돌로 대나무를 몇 번 내리치자 대나무가 꺾였다. 아이들은 가지를 떼어내고 이리저리 주위를 어슬렁거리다가 어디에서 철사를 구해다가 갈고리를 만들어서 대나무 앞에 묶고 우물 안으로 달아 내렸다.

누나와 아이들은 조마조마한 마음으로 두레박이 건져지기를 바랐다. 긴 장대가 두레박을 몇 번 건드리자 마침내 갈고리에 두레박이 걸렸다. 조심조심…….

장대에 두레박이 걸린 채로 마침내 우물 밖으로 건져 올려졌다. 첫 번째 두레박, 두 번째 두레박. 그제야 누나의 얼굴이 활짝 펴졌다. 아이들은 자기들이 누나의 일을 도와주었다는 것에 대해 크게 상기된 표정들이었다.

"누나! 벌써 두 번쩝니더."

맞다. 작년 봄에도 그랬다. 얼마나 피곤했는지 물을 길으러 와서 두레박줄을 잡고 깜빡 졸다가 두레박을 빠트린 적이 있었다.

비시시 미안한 표정으로 웃음이 나왔다. 동네일을 돕다 보니 퍽이나 피곤했던 모양이었다.

그렇게 있는 사이 동네 아주머니가 우물물을 길러 우물로 왔다.

아이들과 누나가 두레박을 사이에 두고 있는 것을 보고는 무슨 일인가 하는 표정으로 살폈다.

"누나! 우리 간데이."

아이들은 다시 산으로 올라갔다.

"나중에 고구마 삶아 줄게."

"야."

아주머니는 아직도 무슨 영문인가 몰라 해하는 표정이었다.

"무슨 일인데?"

"아입니더."

"……."

우물에 평화가 찾아왔다. 하마터면 가슴 조일 뻔한 일이 사라지고 우물물 긷는 소리가 들렸다. 다시 진눈깨비가 내렸다. 멀리 웃천막 지붕 위로 하얗게 눈이 흩날렸다.

아빠 나라 엄마 나라

 벌써 저렇게 컸다니 참 대견하다는 생각이 들었다. 아빠 없이 혼자 자란 세월이 무려 12년이었다. 다른 아이들은 모두 태어나자마자 귀여움을 받으며 어릴 때부터 아빠 앞에서 어리광도 부리고 했는데 아들 민섭이는 그러지를 못했다. 민섭이는 아빠에 대한 기억도 없이 자랐다. 아빠는 민섭이가 태어나자마자 미국으로 돌아가 버렸다. 다시 연락하겠다는 말만 남기고 엄마가 적어준 한국 주소 하나만 가지고 아빠는 기약 없이 미국으로 떠나고 말았다.
 민섭이 아빠는 미국 군인이었다. 6.25 전쟁이 일어났을 때 민섭이 아빠는 군인으로 한국에 왔었다. 아빠는 전쟁을 하면서 여러 곳을 이동해 다니다가 부산에 있는 하야리아 부대[6]로 왔는데, 그때 엄마는 민섭이 아빠를 만나게 되었다. 사람들은 어떻게 만나게 되었는가를 묻는데 엄마는 그럴 때마다 말하지는 못하고 그때 옛날 추억으로 돌아가곤 했다. 그런 추억은 엄마만이 아니었다. 미국 군인과 결혼한 많은 한국 여성들이 그런 추억을 가지고 있었다.

엄마는 어릴 적 민섭이를 생각할 때마다 가슴이 먹먹했다. 민섭이가 학교에 가자마자 또래 아이들에게 생김새가 다르다는 이유로 놀림을 당했기 때문이다.

어느 날 학교에 다녀 온 민섭이가 가방 보따리를 방에 던져 놓으며 물었다.

"엄마, '아이노꼬'가 뭐야?"

"왜?

"아이들이 나보고 '아이노꼬'라고 놀려."

"……."

엄마는 아무 말도 하지 못했다. 짐작했던 일이 일어나고 말았기 때문이다. 그것은 엄마 역시도 마찬가지였다. 부대 옆에서 미국인 아빠와 살림을 할 때 사람들은 엄마를 가리키며 '양공주'라고 놀렸다. 엄마와 같은 사람들이 많았다. 부대 담벼락 옆으로 길게 늘어선 집에는 그런 사람들이

---

6) 정식 명칭은 '캠프 하이얼리어(Camp Hialeah)'로 사람들은 쉽게 발음하기 시작하면서 '하야리아'라고 불렀다. 1950년 6.25 전쟁 이후 주한 미군 부산 사령부가 설치되었으며, 2006년 8월 공식적으로 폐쇄되었고, 주한 미군과 반환 협상에 의해 2010년 1월 27일 부산시에 반환되었다. 이후 2014년 5월 1일 '부산시민공원'으로 개장되었다.

살았다. 그러다가 아빠가 떠나고 나서 웃천막으로 오게 되었다. 사람들의 냉대를 피하고 싶어서였다.

민섭이는 갈색머리와 푸른 눈을 가지고 있었다. 그런 민섭이를 보고 아이들은 '튀기'라고 하거나, '아이노꼬(일본말로 혼혈아)'라고 놀렸다. 더 심한 아이들은 중지 손가락을 앞으로 삐쭉 내밀며 "양키 고 홈."이라고 놀린다고 했다. 민섭이는 영문도 모른 채 그냥 듣고 있어야만 했다.

어느 날 저녁을 먹은 후 엄마는 민섭이를 앉혀 놓고 아빠에 대한 이야기를 해주었다.

"민섭아, 아빠는 미국 사람이란다. 얼마나 잘생겼는지 몰라. 너는 아빠를 꼭 닮았어. 민섭이가 아주 어렸을 때 아빠는 미국으로 가셨는데, 꼭 다시 엄마와 민섭이를 데리러 온다고 했어. 아빠는 분명이 다시 우리를 데리러 오실 거야."

민섭이의 파란 눈이 동그래졌다. 아이들이 하는 말을 듣고 대충은 알았지만 엄마 말을 들으니 사실이었다. 아빠는 미국사람이었다. 그것도 군인이었다. 잘생긴 군인…… 잘 생긴 아빠…….

민섭이는 그날부터 미국에 간 아빠를 기다렸다. 엄마와 민섭이를 꼭 데리러 오겠다고 약속하고 미국으로 떠난 아빠를 기다렸다. 아빠는 오실 거야. 꼭…….

그런 중에도 웃천막에서 사는 아이들은 민섭이를 놀리지 않았다. 같이 한동네에 살아서 그런지는 모르지만 민섭이는 동네 아이들과 잘 어울려 놀았다. 동네 아이들은 민섭이의 하얀 피부를 특히 부러워했다. 햇볕에 타서 시커먼 아이들의 얼굴과는 달리 민섭이는 하얀 피부를 가지고 있었다. 특히 더 부러워한 것은 여자 아이들이었다. 산동네 아이들은 아래 동네 아이들보다 더 새까맸다. 여자 아이들은 집에서 엄마가 바르는 분을 훔쳐서 바르고 했지만 까맣기는 여전했다. 아무것을 바르지 않아도 늘 하얀 얼굴인 민섭이가 부러웠던 모양이었다.

어느 날이었다. 입양을 전문으로 하는 기관에서 엄마를 찾아왔다. 민섭이를 미국으로 입양시킬 생각이 없느냐는 것이었다. 이미 많은 아이들이 미국으로 양부모를 찾아 입양이 진행되고 있었다. 미국으로 입양되면 적어도 한국에서처럼 그런 서러움은 당하지 않을 것으로 생각되었다. 공부도 마음대로 할 수 있고, 먹는 것, 입는 것 모두 어려움이 없을 것으로 생각되었다. 엄마 마음이 흔들렸다. 하루하루 커 가는 민섭이를 볼 때마다 마음이 아팠다. 생김새가 다르다는 이유로 놀리는 환경이 싫었다.

그러나 엄마의 마음은 거기서 멈추고 말았다. 그것은 다시 데리러 온다는 민섭이 아빠의 '약속 때문이었다. 아빠는 "다시 데리러 오겠다."며 떠났다. 그 약속 때문에 여태껏 지금까지 버티며 살아온 것이다.

"민섭이 아빠를 기다릴게요. 꼭 다시 돌아오실 거예요."

엄마는 나지막하게 사람들에게 말했다. 그러나 자신이 없었다. 엄마는 스스로에게 자신감을 주고 싶었다. 여기서 포기할 수 없었다. 민섭이를 봐서라도 포기하지 않고 끝까지 기다리기로 했다. 그게 민섭이에게 줄 수 있는 엄마의 사랑이었다.

'민섭이도 아빠를 기다리는데, 그러면 나도 기다려야지…….'

기적은 먼 데 있는 것이 아니었다. 정말 기적 같은 일이 일어났다. 부대 개방행사에 찾아갔다가 우연히 아빠 소식을 듣게 된 것이었다. 예전에 부대에 같이 있었던 사람을 만나게 되었고 미국에 있는 민섭이 아빠가 엄마와 민섭이를 찾고 있다는 것이었다. 믿기지 않는 일이 일어났다. 아빠는 미국으로 떠나면서 민섭이 엄마가 살던 그때 그 주소로 사람을 보내어 찾았지만 엄마는 이미 그 동네를 떠난 뒤였다. 동네 사람들에게 민섭이 엄마가 산동네로 이사를 갔다는 소식을 전해 듣고 막 산동네로 수소문을 해서 찾아가려던 중이었다고 했다. 미국으로 떠나면 소식이 없다는 사람들이 태반이었는데, 그러나 모두 다 그런 것만은 아니었다. 민섭이 아빠는 엄마와 민섭이를 찾고 있었던 것이었다.

웃천막에 웃천막 사람 같지 않은 엄마와 아들이 살고 있었다. 사람들은 기억했다. 아빠는 미국 사람이고 엄마는 한국 사람이라고 했다. 한국에 살지만 미국 사람도 아니고 한국 사람도 아닌 것처럼 사람들은 대했다.

아이들이 민섭이에게 물었다.

"민섭아, 너 어느 나라 사람이니?"

"나…… 한국사람."

"아빠 나라 간다며?"

"응, 엄마하고 같이 가."

"우리 잊지 마. 알았지."

"응, 안 잊을게."

겨울 찬바람이 윙 윙 울어대는 오두막집 안에서 아이들은 모닥불에 고구마를 구우며 민섭이를 쳐다보고 또 쳐다보았다. 빨갛게 타들어가는 나무 더미 속에서 고구마가 익어가고 있었다. 아이들은 눈물을 훔쳤다.

바른생활

 부두까지 이어진 긴 철로 위로 시커먼 화물열차가 땡땡 소리를 내며 길게 꼬리를 물고 지나갔다. 낮에 물건을 하역하느라 부산하던 모습과는 다르게 부두는 조금씩 정적으로 변해갔다.
 "자! 내일 일할 사람들 이름 부를 테니 잘 들으세요."
 "강동민, 이영철, 문학연, 최철우, 김희수, 김진일……."
 책임자쯤으로 보이는 남자는 종이에 쓰인 명단을 보고 큰 소리로 이름을 불렀다.
 부두에서 일하던 한 무리의 사람들이 이름을 부르는 사람을 쳐다보며 귀를 쫑긋 세웠다. 바닷바람이 차가운지 사람들은 모두 모자를 깊게 눌러 쓰고 입에서 하얀 입김을 내뿜으며 연신 발을 동동 굴렀다.
 "열심히 일해야 합니다. 그렇지 않으면 언제 일을 그만둘지 모릅니다.

아시겠습니까?"

"예!"

사람들은 방금 이름이 불린 사람들과 그렇지 못한 사람들로 나뉘었다. "예!"라고 대답한 사람들은 내일 다시 일하러 나와도 좋은 것이고, 대답도 없이 그냥 가만히 서서 자리를 뜨지 못하고 있는 사람들은 이름이 불려지지 않은 사람들이었다.

"반장님! 어떻게 좀 안되겠습니까? 사정 좀 봐주이소."

"안 됩니다. 사람 숫자가 정해져 있어서 어떻게 할 수가 없습니다……. 자, 오늘 이상 이것으로 마치겠습니다."

사내는 할 일을 다 했다는 표정을 지으며 서둘러 사무실로 들어가 버렸다. 사람들은 쉽게 자리를 뜨지 못했다. 여운이 길게 남은 듯 사람들은 아쉬운 표정으로 사무실 문만 바라보았다.

그때였다. 같이 일하는 호영이 아저씨가 기태 아버지를 불렀다.

"기태 아버지! 저기 가서 술이나 한잔 하고 가세."

"……."

"내일 일 해?

"아뇨, 나오지 말라네요. 아저씨는요?"

"나는…… 나도 잘 모르겠어. 내일은 나오지만 나도 언제까지 나올 줄 몰라. 나와 봐야 알지."

"어여 가, 가서 소주나 한잔 해."

"예."

기태 아버지는 떨어지지 않는 발걸음을 돌렸다. 흩어져 가는 사람들 중에 어깨가 축 늘어진 사람들은 모두 기태 아버지와 같은 사람들이었다. 그렇다고 내일 일을 하러 오는 사람들이라고 안심할 수도 없었다. 언제 그 명단에서 빠질지 아무도 모르는 일이었다. 사람들은 모두 하루하루를 그렇게 지내야만 했다.

부두 앞 포장마차에 사람들이 모였다. 포장마차 휘장 안에는 '쉭 쉭' 소리를 내며 카바이드 등이 빨갛게 불을 밝혔다.

"들리는 말로는 반장한테 돈을 좀 써야 한다는 말이 있어……."

"네……?"

"나도 그냥 들은 말이야. 이틀 전부터 일하는 최 씨도 그렇게 해서 들어왔대, 우리보다 일을 못 해도 계속 나오는 게 다 그것 때문인 것 같애……."

호영이 아저씨는 내 예감이 맞을 거야라는 표정을 지으며 단숨에 소주잔을 비웠다.

그날 밤 기태 아버지는 잠을 이루지 못했다. 당장 일을 하지 않으면 다섯 식구가 모두 굶어야 할 판이다. 여기 부두에서 일하는 사람들은 그래도 생활이 나았다. 공사장에서 노가다를 하거나 시장에서 짐을 나르고, 지게를 지는 사람들보다는 꽤 괜찮은 직장이었다. 한 가지 아쉬운 게 있다면 그 일도 언제 그만둘지 모르는, 하루하루 부르는 이름에 달렸다는 것이다. 그래서 사람들은 수단과 방법을 가리지 않고 반장이나 높은 사람에게 잘 보이려고 애를 썼다.

"기태 아버지, 안 자요……."

언제 깼는지 기태 어머니가 걱정스런 표정으로 아저씨를 쳐다보았다.

"무슨 일 있어요?"

"아냐, 일은 무슨…… 일 없어……."

"어서 주무세요. 내일 또 피곤할 건데."

아이들은 세상 모르게 잠을 잤다. 아이들을 위해서라도 돈을 벌어야만 했다. 굶길 수 없고, 떨게 할 수 없었다.

아저씨는 어제 저녁에 호영이 아저씨가 한 말이 생각났다.

"반장한테 돈을 좀 써야 할 것 같아, 그래야 일을 계속할 수 있어."

'어디서 돈을 빌리지…….'

기태 아버지는 걱정으로 밤을 새웠다.

다음 날 기태 아버지는 일하러 나가는 것처럼 집을 나섰다. 걱정스런 모습으로 아주머니가 쳐다보았지만 웃으면서 아무 걱정 말라며 옷천막을 내려갔다.

그날 늦은 밤이었다. 일을 마치고 모두가 떠난 부두는 조용했다. 가끔 부두를 순찰하느라 경비들이 왔다 갔다 할 뿐 부두에는 인기척이 없었다.

그때였다. 부두 한쪽 컴컴한 구석에서 사람들의 움직이는 모습이 어렴풋이 보였다. 사람들은 곧장 부두 한쪽에 물건들이 쌓여 있는 곳으로 뛰어가서 몸을 숨겼다. 사람들은 부두 사정을 잘 알고 있는 것 같았다. 사람들은 조금도 미적거림이 없이 각자 물건을 가슴에 숨긴 채 부두를 빠져나갔다.

부두에는 미국에서 온 군수물자와 원조물자들이 산을 이루었다. 일을 하는 사람들 중에서도 표시가 나지 않게 물건을 숨겨 부두 밖으로 가져나오기도 했다. 경비가 허술한 틈을 타서 사람들은 부두에서 물건을 훔쳤다. 그렇게 해서 훔친 물건들은 곧 국제시장이나 깡통시장으로 흘러들었다. 사람들은 거기서 돈으로 바꾸었다. 크고 작은 군수품 탈취 사건이 자주 일어났다. 사람들 중에는 그런 물건을 훔치기 위해 일부러 부두에서 일하기도 하였다.

기태 아버지는 며칠 뒤 다시 부두에 모습을 드러내었다. 기태 아버지는 그날도, 그리고 그 다음 날도 계속해서 이름이 불려졌다. 기태 아버지를 대하는 반장의 태도도 예전 같지 않았다. 친근감을 나타내었으며, 사람들에게는 일 잘한다고 칭찬하기를 입이 마르도록 했다.

어느 날 저녁 기태가 방바닥에 엎드려 숙제를 하는데 '바른 생활'이라는 책이 눈에 띄었다. 그 순간 아저씨는 아저씨 자신도 모르게 마음에 작은 동요가 일었다.

"음."

기태가 얼굴을 돌려 아버지를 쳐다보았다.

"아버지, 왜요?"

"아냐, 그냥……."

아버지는 그런 기태를 가만히 생각했다.

기태는 가난하지만 바른생활을 배우고 있었다. 가난하다고 남의 것을 훔치지 않았다. 다른 사람의 것을 탐내지도 않았다.

'나는 이게 무엇인가?'

가난하다고 양심까지 판 자신이 부끄러웠다. 조금 더 벌자고 그런 짓을 한 자신이 부끄러웠다. 같이 웃천막에 사는 사람들 중에는 멀리 국제 시장까지 걸어서 일을 하러 나가고, 시내 밑에 있는 역 앞에서 사람들은 지게도 지며 살고 있지 않는가. 같은 한동네 남철이 아버지는 똥장군이라도 지며 살지 않는가. 그런데 나는 왜 그렇게 못 하는가.

기태 아버지는 언젠가 내 이름이 다시 불리어지지 않으면 나도 그 사람들처럼 그렇게 살겠다고 다짐했다. 그게 기태에게 부끄럽지 않은 아버지의 모습이라고 생각했다. 자갈치에 가서 버리는 생선을 얻어먹더라도 그렇게 사는 것이 낫다고 생각했다. 일을 하면서 늘 마음이 불안했다. 한동안 불안한 마음이 사라지지 않았다.

많은 사람들이 양심과 가난 사이에서 줄다리기를 하면서 살았다. 누구는 이기기도 하고, 누구는 지기도 하였다. 그러나 함부로 잘못했다고 말하지 못했다. 알고 보면 우리 모두 그렇게 살았기 때문이다.

벌거숭이

수정산水晶山은 산세가 그리 높지 않고 낮아서 사람들이 많이 찾았다. 산 정상 아래에는 약수터가 두어 군데 있어 물맛이 좋았다. 한참 산을 오른 사람들이 약수터에 걸려 있는 표주박으로 시원한 물을 한 바가지 마시면 정신이 맑아지면서 한결 기분이 상쾌해졌다. 산 정상에 서면 시내가 모두 다 내려다 보였다. 산 뒤쪽 아래 왼편으로는 넓은 공동묘지가 있는데, 언제부터 공동묘지가 있었는지는 모르지만, 동네에서 상喪이 나면 사람들은 거기에다 곧잘 무덤을 만들었다.

동네 사람들은 봄이면 괭이나 삽을 들고 칡을 캐러 갔는데, 마침 칡을 캐는 장소가 바로 그 공동묘지가 있는 곳이었다. 공동묘지 바로 앞으로 작은 개천이 있었고, 그 비탈면으로 칡이 많았다. 흙이 참 부드러웠고 조금만 흙을 파도 어른 팔뚝보다 굵은 칡들이 많이 나왔다.

그런 산 아래 웃천막이 있어 사람들은 수정산을 오르기 위해서는 웃천막을 좌우로 지나면서 산을 올라야 했다.

산을 오르다 보면 동네가 훤히 들여다보였다. 보이고 싶지 않은 게 사람들 치부恥部인데, 웃천막이 바로 그랬다. 그게 부끄러운 것은 아니지만 말할 수 없는 속사정을 안고 살아가는 사람들에게 그 모습을 보인다는 것은 기분 좋은 일이 아니었다. 널빤지와 천막과 미군 부대에서 흘러나온 '레이션(시레이션, 미군 전투식량) 박스' 조각들을 잇대어 만든 집도 있고, 사람 하나가 겨우 엎드려서 들어갈 수 있는 집이며, 겨우 비바람을 간신히 막는 집들은 사람들에게는 큰 구경거리가 되었다.

아니나 다를까 사람들 여럿이서 웃천막을 지나 산으로 오르고 있었다. 봄 아지랑이가 피는 계절이라 산을 찾는 등산객들이 많았다. 사람들은 산 위에 동네가 있다는 것이 신기한 모양이었다. 시내에서 보던 행색이 남루하던 사람들이 모두 여기에 모여 있는 것처럼 보였을지도 모른다. 사람들은 눈을 동그랗게 뜨고 동네를 살피며 지나가고 있었다.

"야, 여기도 사람 사네."

"그러게, 이 높은 데서 어떻게 살아. 참 신기하네."

사람들은 마치 이상한 나라를 보는 것처럼 놀라는 모습이었다.

사람들이 그렇게 자기들끼리 이야기를 주고받으며 웃천막을 구경하며 지날 때였다. 옆에 있는 밭에서 똥장군을 내려놓고 거름을 주고 있던 남철이 아버지가 그 이야기를 듣고 그냥 지나치지 않았다.

"그래서, 여기서 사람 살면 뭐 안 돼?"

사람들은 갑자기 들리는 목소리에 놀란 표정들이었다.

"여기는 뭐 사람이 안 살고 짐승이 사나?"

"……."

"아, 그냥 곱게 산이나 올라갈 것이지 무슨 말이 그래 많어!"

사람들은 남철이 아버지의 행색에 기세가 눌렸는지 아무 말도 못 했다.

"아…… 그냥 지나가면서 생각이 나서 말한 것뿐인데……."

"생각? 무슨 생각? 무슨 생각을 했는데?"

"사람들 살 곳이 아니라고? 거지들이 산다고? 이런 우라질 새끼들, 보자보자 하니 너무 하네."

남철이 아버지는 더 이상은 못 참겠던지 밭에 뿌리려고 들고 있던 똥바가지를 휘둘렀다. 그러자 바가지 안에 담겨 있던 똥들이 사방으로 튀었다. 사람들은 갑자기 당하는 일이라 미처 손 쓸 새도 없이 똥 세례를 받고 말았다. 미처 빨리 도망가지 못한 사람은 옷이나 머리에 똥이 잔뜩 묻었다. 사람들은 욕을 하면서 도망가기에 바빴고 아무도 덤비지를 못했다. 덤볐다간 어떤 봉변을 당할지 모를 일이었다.

"야 이놈들아, 여기도 사람 사는 곳이여! 여기도 똥 싸고 잠자고 사람 사는 곳이여!"

"그러지들 말어, 사람 나고 돈 났지, 돈 나고 사람 났냐! 에이 망할 놈들."

아저씨는 사람들을 잡으러 가는 시늉을 하다 사람들이 멀리 흩어져 도망가 버리자 더 이상 쫓지 않았다. 사람들이 저 멀리 서서 욕인지 무슨 말인지 하는 소리가 들렸지만 무슨 말인지 알 수 없었다. 잔뜩 화가 난 게 분명해 보였다. 아저씨는 그런 그들을 보며 통쾌하게 크게 웃었다.

그런 일은 아이들도 마찬가지였다. 초등학교에서 소풍을 가면 항상 가는 곳이 수정산이었다. 수정산에 가도 약수터 부근이나, 조금 산 위 정상에 올라가는 것이 고작이었다.

동네를 지나가면서 아이들도 신기해하기는 마찬가지였다. 허름한 집이며, 남루한 옷차림이며, 공중변소며, 이것저것 보는 것마다 신기해했다. 그러다가 아이들이 그런 모습을 보고 흉을 보거나 하면 웃천막에 사는 아이들 역시도 가만히 있지를 않았다. 남철이 아버지처럼 시비가 붙고 싸우는 일이 있었다.

웃천막에 사는 여자 아이들은 얼굴을 붉히며 아무 말 없이 산으로 올라가기만 했다. 그러다가 어떻게 동네 사람들이 아이들을 발견하고 이름을 부르거나 하면 얼굴이 빨개졌다. 동네 작은 아이들이 소풍 가는 모습을 보고 구경하러 나왔다가 지나가는 아이들 중에 제 언니나 누나를 발견하고 쪼르르 달려가 큰 소리로 이름을 부르면 아는 체하지 말라는 듯이 눈을 크게 뜨며 모른 체하고 산으로 올라갔다. 아이들은 그런 언니와 누나들이 이해되지 않았다. 왜 반갑지 않을까…….

그 일이 있은 후 며칠 뒤 웃천막을 지나서 산으로 가는 길에 나무판자에 쓴 팻말이 보였다.

'조용히 지나가시오.'

그 팻말은 남철이 아버지가 쓰신 게 분명했다. 사과 상자에다가 검은 글씨로 쓰고 땅에 말뚝을 박아 단단히 세워 놓았다.

그러나 구경꾼만 해결한다고 해서 다 된 게 아니었다. 새벽이면 산 위에서 눈치 없는 등산객들이 "야~호." 하고 외치는 소리가 들렸다. 피곤에 싸인 채 잠을 자는 사람들에게 그런 소리는 고통이었다. 오죽했으면 때려죽인다고 동네 아저씨가 몽둥이를 들고 산으로 올라갔을까.

사람들이 화전火田을 만들고, 연탄을 사다 쓸 형편이 되지 않는 사람들이 산에서 생나무를 마구 잘라다가 불을 때는 바람에 산은 점점 민둥산이 되어 갔다. 한파가 몰아치는 겨울을 지나면 특히 더 심했다. 동네를 가려 주는 나무들이 사라지자 동네는 멀리서도 한눈에 볼 수 있게 되었다. 이제 사람들은 남철이 아버지가 휘두르는 똥바가지를 맞지 않아도 멀리서 동네를 구경할 수 있게 되었다.

다시 동네 뒷산에 나무 팻말이 걸렸다.

'나무를 자르지 마시오. 남철이 아버지.'

그러나 그날 이후에도 계속해서 집집마다 매캐한 나무 타는 냄새가 풍겼다. 산은 점점 민둥산의 모습이 더해갔다. 사람들은 그냥 나무를 잘라 가기만 하고 아무도 나무를 심지 않았다. 산은 점점 하얗게 변해갔다.

어른이 되고 싶어요

 아침이면 웃천막 사람들은 밤새 채워진 요강 물을 언덕 아래로 쏟아 부었다. 별도로 하수구가 있는 것이 아니어서 아무 곳이나 눈에 띄는 데로 오물을 버렸다. 그것은 남정네들도 마찬가지였다. 어른이나 아이 할 것 없이 모두들 바지춤을 내리고 동네 아래를 내려다보면서 시원하게 볼일을 보았다. 누가 보든 말든 상관치 않았다. 그래서 동네 가장자리에 있는 집들 주위는 늘 지린내가 코를 찔렀다. 그래도 불평하는 사람 하나 없었다. 모두가 그런 생활에 이골이 나 있었고, 정작 본인들도 그렇게 하면서 살기 때문이었다.
 그러나 그것도 겨울이면 사정이 달라졌다. 사람들이 아무 곳에 볼 일을 보거나 요강 물을 붓는 바람에 오물이 얼어서 빙판을 만들었다. 잠이 아직 덜 깬 사람들이 급한 나머지 제대로 살피지 않고 일을 보러 가다가 미끄러지는 일이 생기기도 했다.

새벽 어스름한 시간에 방문이 열리는 소리가 들리더니 탁이 할머니가 요강을 들고 밖으로 나왔다. 할머니는 본래 잠이 없던 터라 다른 사람들보다 일찍 일어나셨다. 새벽 찬 바람에 코를 찡하게 했다. 요강을 든 손이 꽤 무거워 보였다. 언덕배기로 간 할머니는 요강에 든 오물을 들고 아래로 사정없이 부었다.

그러자 그때였다. "앗 차거!" 하는 소리와 함께 누군가가 불쑥 일어나는 모습이 보였다.

"할머니! 뭐 하는교?"

"어이쿠! 놀래라?"

할머니가 마침 요강 물을 붓는 바로 밑에서 옆방 창석이 형이 숨어서 담배를 피우다가 그만 오물을 뒤집어쓰고 만 것이다.

"아, 할매. 좀 보고 하이소."

"……."

놀란 것은 탁이 할머니였다.

"야, 이놈아. 내가 니 거기 있는 줄 알았어? 냄새 나는데 거기서 뭘 해?"

"에이!"

창식이 형은 줄지에 오줌을 뒤집어쓰고 어쩔 줄 몰라 했다. 그런 창식이

형을 보고 할머니가 타박을 했다.

"니, 너거 아버지한테 들키면 우짤라꼬 그라노? 내 말해뿌까?"

"아이고 됐심더. 그만하이소."

창식이 형은 할머니에게 이러지도 저러지도 못하고 벙어리 냉가슴 앓듯이 부리나케 집 쪽으로 뛰어가 버렸다.

"머리라도 씻고 들어가야지?"

"……."

창식이 형은 아닌 밤중에 홍두깨가 아니라 새벽에 홍두깨가 되고 말았다. 아버지 몰래 담배를 피우다가 된통 할머니에게 당하고 만 것이다.

어른들이 시내로 일하러 가고 나면 학교에 가지 않는 아이들은 모여서 어른 흉내를 내느라고 담배를 피웠다.

아이들은 어디서 담배가루를 구해왔는지 호주머니에 담뱃가루가 가득했다.

"이거 우리 아버지 몰래 가져온 거다."

"너거 아버지 알면 우짤라꼬 그라노?"

"괜찮다. 표시 안 나게 가져 왔다."

담배를 가지고 온 아이는 의기양양하게 마치 큰 공을 세운 것처럼 어깨를 으쓱해보였다.

아이들은 저마다 신문지를 찢어서 담뱃가루를 말아서 담배를 피우기 시작했다.

"쿨럭쿨럭."

아니나 다를까. 생전 담배를 피워 본적이 없는 아이들이 기침을 하기 시작했다.

"이걸 우째 피노?"

"우와, 독하다."

아이들은 모두 눈에 눈물이 가득 고인 채로 서로를 쳐다보았다.

그러나 그 와중에도 두서너 명의 아이들은 입에서 담배 연기를 내며 제법 어른 티를 내면서 보란 듯이 담배를 피웠다.

"와! 니 잘하네. 우짜는데?"

"내 좀 비아도(배워도)."

아이들은 기침도 하지 않고 담배를 피우는 게 신기한 모양이었다. 그러자 어른티를 내는 아이는 더 천연덕스럽게 연기를 내뿜으며 담배를 피워댔다. 좁은 움막 안은 아이들이 피워대는 담배 연기로 금방 가득해졌다. 아이들이 제대로 담배를 피울까. 그저 입으로 담배연기를 빨아서 그냥 내뱉는 '빠끔 담배'가 고작이었다. 아이들은 진짜 어른처럼 담배를 피운다고 생각하고 있었다.

그런데 그때였다. 움막 앞 가마니가 활짝 열어젖혀지더니 고함소리가 들렸다.

"너그들 지금 거기서 뭐 하노?"

아이들은 혼비백산하고 나자빠졌다. 문 앞에 서 있는 사람은 동네에서 무섭기로 소문난 최 상사 아저씨였다.

"야, 이놈들아, 머리에 피도 안 마른 놈들이 담배를 피워?"

"……."

"모두 다 이리 나와."

어떤 아이들은 너무 놀란 나머지 여전히 담배를 손에 들고 있는 아이들도 있었다.

"뭐 한다고 벌써 담배 피우노?"

"담배 맛이 좋더나?"

"……."

"이리 줘봐라."

아저씨는 아이 손에 있는 담배를 빼앗아 담배를 피워 물었다.

담배는 빨간 불이 붙으면 타들어갔다. 그리고 아저씨는 하얀 담배 연기를 입에서 길게 내뿜었다.

"와!"

아이들은 지금 혼나고 있다는 것도 잊은 채 감탄하고 있었다.

"너그들 지금 담배 피우면 뼈 녹는다고 안 하나. 나중에 어른들 되면 그때 피워도 된다. 뭐 한다고 벌써 피우노?"

"……."

아저씨의 얼굴은 조금 전 아이들에게 겁나게 보이던 모습은 사라지고 따뜻한 동네 아저씨의 모습으로 돌아가 있었다.

아이들은 아저씨의 그런 모습을 보고서야 안심이 되었는지 그때서야 얼굴에 미소가 번졌다. 큰일 날 것으로 예상했는데 아저씨의 그 모습을 보자 안심이 되었던 것이다.

"이놈들아. 공부해 공부, 알았어?"

"예……."

숨어서 담배를 피우던 아이들의 일은 그렇게 끝이 났다.

아이들은 호기심이 많고 궁금한 게 많은 모양이다. 형님들이나 삼촌들이 담배 연기로 하얀 도넛을 만들고, 계란을 만드는 게 궁금한 모양이었다. 어른들은 아이들이 담배를 피우면 안 된다는 것을 심하게 꾸짖기보다는 차차 알아지게 될 어른들의 일로 가르쳤다. 지금의 어른들도 다 그런 때가 있었기 때문이다.

탁이 할머니는 그날 이후로 요강을 비울 때면 아래를 살피는 버릇이 생겼다.

"창석아!"

"……."

"창석아!"

"……."

"썩을 놈 어디 가서 또 담배를 피는 겨……."

할머니의 허리 괴춤에 뜯지도 않은 담배 한 갑이 삐죽이 보였다.

할머니는 나중에 창석이 형을 찾아 담배 한 갑을 건넸다.

"작작 펴. 뼈 녹아."

누가 뭐라든 할머니는 담배를 통해서 할머니의 사랑을 전했다. 할머니에게는 모두가 손자였다. 웃천막 아이들은 그렇게 커 갔다.

예비역 豫備役

"엿 사시오! 엿."

"달달한 엿입니다. 엿."

"쨍그랑, 쨍그랑."

시내 대로변에서 가위 소리를 내며 엿장수가 엿을 팔고 있었다. 자전거 바퀴를 개조해서 만든 수레에는 엿판이 놓여 있고, 엿판 위에는 흰 밀가루를 잔뜩 뒤집어 쓴 엿들이 길게 가락을 이루며 놓여 있었다. 엿장수는 가위질하는 손이 아픈지 몇 번이나 가위를 엿판 위에 내려다 놓았다. 시커먼 쇠로 만들어진 가위는 보통 사람이 몇 번 가위질하기도 힘들 정도로 꽤 무거워 보였다. 손에는 굳은살이 딱딱하게 박여 있었다. 오늘 하루도 엿이 얼마만큼 팔릴지 몰랐다. 하루 종일 엿을 팔아도 겨우 입에 풀칠할 정도밖에 되지 못했다. 무엇보다 중요한 것은 다섯 식구의 생계를 이어 나가는 것이었다. 그래서 엿을 팔면서도 틈틈이 길거리를 지나다니다가 고물古物이 보이면 모아서 팔면서 근근이 생활을 이어가고 있었다.

팔이 점점 아려왔다. 밤에 잠을 자면서도 팔이 아파서 잠을 깰 때가 많았다. 하루 종일 걸어 다니다 보면 아침에 다리가 퉁퉁 부었다. 그래도 내색을 못 했다. 아내와 나란히 누워 자는 아이들이 눈에 보였기 때문이다.

엿판 위에 놓아둔 가위를 다시 잡으려고 손을 내밀 때였다. 누군가가 가위를 붙잡으며 부르는 소리가 들렸다.

"김 중령님 아니십니까?"

놀란 눈을 하며 고개를 들고 보니 웬 사내가 아저씨를 쳐다보고 있었다.

"김 중령님, 접니다. 저, 오 상삽니다. 오 상사."

"누구…… 오 상사……."

"예, 오 상삽니다. 저 아시겠어요?"

"오 상사……."

아저씨의 입에서 오 상사라는 말이 나오는 순간 아저씨의 두 눈에서는 눈물이 흘러내렸다.

아저씨는 울먹이기 시작했다. 눈에서 눈물이 쏟아졌다.

"김 중령님……."

사내의 눈에서도 눈물이 쏟아졌다. 두 사람은 함께 부둥켜안고 울었다. 울음소리를 삼키려 했지만 끝내 소리는 밖으로 나오고 말았다. 지나가던 사람들이 힐긋 힐긋 쳐다보았다.

나중에 알게 된 사실은 엿장수 아저씨는 명문 대학까지 나오고, 6.25 때에는 많은 전공을 세웠고, 여러 부하들을 데리고 있었던 장교 출신이었다. 군에서 제대하고 직장을 찾으러 여러 곳으로 다녔지만, 직장을 구하지 못하였다. 부두에 가서 아무 일이라도 좋으니 일하게 해달라고 졸랐지만 허사였다. 그러다가 결국 엿장수를 시작하게 되었다고 한다.

"벌이야 얼마 되지 않지만, 재수가 좋은 날은 구리를 고물로 줍게 되어 수입이 제법 좋은 날도 있지. 그렇지만 반대로 엿도 안 팔리고 공치는 날도 많아. 군대에 있을 때에는 몰랐는데, 이렇게 사회생활이 힘든 줄은 미처 몰랐어."

아저씨는 너무 힘이 들어서 다섯 가족이 다 죽으려고 생각했지만, 죽는 것이 사는 것보다 힘들다는 것을 느끼고, 죽을힘이 있으면 살 힘도 있을

것으로 생각하고 이를 악물고 버텼다고 했다. 지금 사는 집은 웃천막인데 달세로 방 한 칸을 얻어 산다고 했다.

동네 사람들은 엿장수 아저씨에 대한 사연을 알고 나서는 모두들 놀라는 분위기였다.

"그래, 내 처음부터 그 아저씨 다른 사람들과 다르다는 것을 알았어……."

"그려, 사람은 겉으로만 봐서는 모르는 법이여. 함부로 말해서는 안 된다니껜."

동네 사람들은 이구동성으로 우리와는 다른 사람이라고 입을 모았다.

그러면서도 엿장수 아저씨에게 막 대했던 사람들은 고개를 들지 못했다. 알고 보면 모두가 같은데, 남의 집에 세 들어 산다고, 집이 없다고 차별했던 것이다. 벌이도 시원찮으면서 애나 많이 낳는다고 흉을 봤다. 정말 도토리 키 재기였다.

엿장수 아저씨는 그리고 얼마 지나지 않아 웃천막을 떠났다. 그때 그 인연으로 어떤 큰 공장에 책임자로 간다고 했다. 동네 사람들은 모두 아쉬워했다. 동네 아래까지 내려가 배웅하며 그렇게 아저씨를 떠나보냈다.

그리고 일 년이 지난 어느 겨울이었다. 얼음이 녹아 진창인 길을 연탄재를 깨면서 길을 만들고 있을 때 어떤 사람이 가쁜 숨을 몰아쉬면서 웃천막으로 들어서는 것이 보였다.

"어…… 아저씨!"

아저씨였다. 일 년 전에 웃천막을 떠났던 엿장수 아저씨, 사람들이 김중령이라고 부르던 아저씨가 웃천막을 찾았던 것이다.

"잘 있었나?"

아저씨는 활짝 웃으시면서 양손을 크게 들어 보였다. 아저씨의 손에는 큰 봉지가 들려 있었다.

"어떻게 오셨어요?"

"별일 없제. 아버지도 어머니도 잘 계시고."

"예……."

잠시 후 동네 사람들이 모여 들었다. 아저씨는 그동안의 일을 이야기하면서, 그때 웃천막을 떠날 때에 웃천막을 꼭 도와야겠다는 생각을 했다고 한다. 그리고 형편이 나아지면서 이렇게 웃천막을 찾을 수 있게 되었다는 것이다. 아저씨가 가지고 온 봉지에는 연필과 공책, 그리고 학용품이 들어 있었다. 어린아이들을 위해서 장난감도 빼놓지 않았다.

아저씨는 그때 웃천막에 살 때에 초등학교에 다니는 아이들 셋이 학교에 회비를 내지 못해서 모두 학교를 중퇴했던 일이 가장 가슴 아픈 일이라고 했다.

"그래 지금은 학교에 잘 다니구?"

"예, 지금은 문제없이 학교에 잘 다니고 있습니다."

"다행이네……."

"예."

정말 다행한 일이었다. 그때 아저씨의 마음이 어땠을까? 엿을 팔아도,

고물을 팔아도 해결할 수 없었던 가난한 형편이었다. 아저씨는 그때 아이들 일이 생각이 나서 웃천막을 떠나서도 한시도 웃천막에 사는 아이들을 잊지 않았다고 한다.

"그려, 고진감래苦盡甘來여."

누군가가 고진감래라고 했다. 맞다, 고진감래였다. 아저씨는 고진감래의 주인공이었다. '쥐구멍에도 볕들 날이 있다'는 말이 생각났다. 그렇게 아저씨의 사랑을 받은 아이들이 자라서 그 사랑을 나눠 줄 것이다.

매캐한 장작불 연기에 눈 따가운 줄 모르고 동네 사람들은 김 중령 아저씨와 오랜 시간 이야기꽃을 피웠다.

오월五月의 아이들

"형…… 나 고아원에 가기 싫어……."

잔뜩 풀이 죽은 모습을 한 준석이가 형의 얼굴을 살피며 말했다.

"그래, 싫으면 안 가도 돼."

준석이의 눈에 눈물이 그렁그렁 맺혔다. 그러더니 이내 닭똥 같은 눈물을 뚝뚝 떨어뜨리면서 엉엉 소리 내어 울기 시작했다.

"나 고아원에 가기 싫단 말이야!"

"……."

3년 전 아버지가 돌아가시고, 어머니마저 작년에 집을 뛰쳐나간 후 형제는 고아가 되고 말았다. 그러자 준우는 생계를 위해 동네를 돌아다니며 고철이나 폐지를 줍지 않으면 안 되게 되었다. 초등학교 1학년에 다니는 준우까지 밥벌이하러 나가게 할 수가 없었다. 아침에 고철을 줍다가 찢어진 손가락에서 피가 났다. 헝겊으로 손가락을 싸매면서 훌쩍이는 준석이를 쳐다보았다. 형으로서 아무것도 해줄 수 없다는 것이 가슴 아팠다.

움막 문을 열고 밖으로 나오니 날은 어느새 어두워져 있었다. 언덕 아래 시내에는 불이 환하게 켜져 있었다. 마치 별천지 같다는 생각이 들었다. 차들이 불을 밝히고 달리는 모습이 보였다. 사람들이 많이 다니는 곳은 네온사인이 번쩍였고, 불은 붉다 못해 흰색을 띄고 있었다.

'저 사람들은 어떻게 살까? 엄마와 함께 있을 때는 괜찮았는데…….'

하얀 수건을 머리에 쓴 엄마의 모습이 눈에 아른거렸다. 눈에 눈물이 핑 돌았다.

'엄마, 집으로 돌아와 주세요.'

준우는 캄캄한 하늘을 쳐다보면서 빌고 있었다.

"준우야! 뭐 하는데?"

언제 왔는지 어둠 속에서 불쑥 친구 동민이가 나타났다.

"아니…… 그냥……."

"와? 무슨 일 있나?"

"아냐……."

동민이는 준우의 안색을 살피며 말했다.

"울었는가뵈?"

"아냐, 아니라니깐."

"……."

"참, 오늘 낮에 다친 거는 괜찮나?"

동민이는 걱정스런 표정을 지으며 준우의 손가락을 살폈다.

"그러게 좀 단디 하지, 쓰레기통에 깨진 병 같은 게 있다니깐……."

"……."

동민이는 오늘 낮에 종이를 줍다가 다친 준우의 손가락이 걱정되었던 모양이었다.

친구 동민이도 준우와 사는 형편이 비슷했다. 동민이도 부모님 없이 단칸방에서 할머니와 같이 살고 있었다. 학교를 마치고 나면 마대 자루를 들고 고물을 찾아 나섰다. 해가 질 때까지 꼬박 일을 하지만 몇백 원밖에 벌지 못했다. 허기진 배를 안고 고철을 줍다가 쓰러질 때도 있었다. 그러나 그 돈으로 쌀을 사서 할머니와 밥을 해 먹고, 학교 수업료도 낼 수 있었다.

"내일 비 오겠나……."

하늘을 쳐다보던 동민이가 걱정스럽다는 표정으로 물었다.

별이 없으면 비가 온다고 하는데 별이 보이지 않았다.

웃천막에 사는 아이들은 비가 오는 게 제일 싫었다. 비가 오면 제대로 잠을 잘 수가 없었다. 천장에서 비가 새는 곳마다 빈 그릇을 받치며 허둥대야 했고, 잠은 고사하고 뜬 눈으로 밤을 지새우며 비가 멎기만을 바랐다. 비가 그 다음 날도 계속해서 내리면 일을 하러 나갈 수가 없었다. 아이들은 그게 걱정이었다. 비록 판잣집이고 움막집이지만 비만 안 오면 살 것 같았다.

준우는 시내에서 가끔 친구들이 남의 가게에서 사과나 과자 같은 것을 주인이 보지 않는 틈을 타 몰래 훔쳐 먹는 것을 보았다. 친구들은 망을 보면서 훔쳐 먹고, 아무런 가책도 느끼지 않는 듯했다. 배가 고플 때마다 그런 유혹이 없었던 것이 아니다. 친구들은 훔쳐 먹을 수 있는데도 훔치지 않는 준우를 이상하게 생각했다. 바보 같다는 눈으로 쳐다보기도 했다. 비웃음이 떠나지 않았다.

어느 날 학교에 다녀오는데, 동생 준석이가 옆집 마루에 있는 밥을 마치 도둑질하는 것처럼 몰래 훔쳐 먹는 것을 보았다. 얼마나 배가 고팠으면 그랬을까. 집에 먹을 게 없다는 것을 알면서도 학교에 가 버린 자신이 미웠다. 그 미움을 감추려고 했던 것일까. 밥을 훔쳐 먹은 준석이를 사정없이 때리고 말았다.

"누가 남의 집 밥 훔쳐 먹으라고 그라대?"

눈물이 나오는 것을 참으며 준석이를 때리고 말았다. 그렇지 않으면 또 남의 집에서 도둑질을 할까 싶어서였다. 친구들처럼 될까 두려웠다.

밥을 미처 삼키지 못한 준석이 목에서 컥컥거리는 소리가 났다. 놀란 마음에 등을 두드리자 그때서야 숨통이 틔었는지 숨을 쉬었다. 그리고 엉엉 울었다.

준석이도 알고 있었다. 그게 나쁜 짓이라는 것을 말이다. 그래서 몰래 숨어서 밥을 훔쳐 먹었던 것이 아닌가. 준석이를 더 이상 때리지 못하고 안고 말았다.

"준석아, 도둑질하면 안 돼, 알았나?"

준석이는 말없이 고개를 끄떡였다.

풀숲에서 귀뚜라미 소리가 들렸다. 문득 오늘 학교에서 들은 어린이날 노래가 생각이 났다. 학교에서는 아침부터 스피커를 통해서 어린이날 노래를 틀어 주었다.
"오월은 푸르구나 우리들은 자란다. 오늘은 어린이날······."
교실에서는 친구 어머니들이 찾아와서 학용품이랑 빵이랑 먹을 것들을 나눠 주셨다. 준석이도 받았을 것으로 생각했지만, 준석이를 주려고 다 먹지 않았다. 쉬는 시간에 준석이가 교실 창문에서 손을 흔들며 손에 든 것을 보여주며 웃었다.
"형!"
준석이는 손에 든 과자를 자랑스러운 듯이 흔들어 보였다. 준석이의 얼굴에 미소가 가득했다.

울다 지쳤는지 준석이가 자고 있었다. 옆에 있는 이불을 끄집어다가 덮어 주는데, 꿈을 꾸고 있는지 준석이의 입에서 '엄마.' 하는 소리가 났다. 얼마나 엄마가 보고 싶을까. 준우는 엄마가 그랬던 것처럼 준석이가 덮고 있는 이불을 다독거렸다. 준석이는 꿈에서 엄마를 만나고 있었다. 준우형도 활짝 웃고 있었다.

김 씨 아저씨

  동네 바로 아래에 이름 모르는 무덤이 두 개 있었다. 무덤 주위에는 싱싱한 풀들이 많이 자랐고, 코를 대고 냄새를 맡으면 향긋한 풀냄새가 코 안으로 가득히 밀려왔다. 아이들은 술래잡기를 하면서 풀잎을 엮어 함정을 만들었는데, 간혹 멋모르는 어른들이 그리로 지나가다가 걸려서 넘어지기도 하였다. 그러나 워낙 풀이 많은 곳이라 크게 다치지는 않았다.

  그리고 아이들이 노는 바로 옆에는 콘크리트로 지어진 큰 물탱크가 있었는데 물탱크 위는 넓어서 여름이면 돗자리를 깔고 잠을 자거나 아이들이 모여서 노는 장소로도 많이 이용되기도 했다. 물탱크는 시간제 제한 급수로 수돗물 사정이 여의치 않은 동네 사람들을 위해 만들어진 것이었다.

  "땅! 땅! 땅!"

김 씨 아저씨가 수돗가에 앉아 수도파이프에 연신 망치질을 해대며 수도를 고치고 있었다. 수도가 오래되었는지 수도 밸브가 헛돌기만 해서 매번 수돗물을 줄 때마다 애를 먹던 차였다. 마침 조금 있으면 수돗물을 줄 시간이었다. 동네 사람들이 물동이를 들고 수돗물을 받으러 왔다가 헛걸음치면 낭패였다.

이마에서 굵은 땀방울이 흘러내렸다. 힘이 부치는지 망치를 내려놓고 한숨을 쉬면서 앞을 바라보니 아이들이 무덤가에서 노는 모습이 눈에 들어왔다. 아이들이 그래도 무덤에 올라가지 않고 요리조리 무덤 사이를 피해가며 노는 게 한편 대견했다. 가끔 철없는 어린아이들이 무덤에 올라갈 때마다 형 또래 되는 아이들이 나무라는 것을 볼 때마다 잘한다고 생각했다.

'그려, 그게 너그 할아버지 무덤인지, 너그 할머니 무덤인지 모르잖어.'

시원한 산바람에 땀이 식자 다시 망치를 들고 막 일을 시작하려고 할 때였다. 아주머니들이 물동이를 이고 수돗가로 오는 것이 보였다.

"아저씨! 오늘 수돗물 줘요?"

"……"

"왜요? 안 돼요?"

"아니, 조금만 기다려 봐, 다했으니께."

아저씨는 낭패란 듯이 사람들을 쳐다보았다.

"아, 뭐 한다고 벌써 왔는가? 쪼매만 더 있다 안 오고?"

"왜요? 수도 고장이에요?"

"그려, 고장 났어. 그래서 지금 고치고 있잖여."

"아저씨, 우리 집에 물 한 방울도 없어요."

"알어, 기다려봐. 내 금방 고칠 테니."

수도꼭지를 잡고 용을 쓰면서 아저씨는 수돗가로 모이는 사람들을 쳐다보았다. 벌써 사람들이 모이고 있었다.

'뭐 할라꼬 이렇게 빨리 온대……'

그 순간 꿈쩍도 안 하던 수도꼭지가 휙 돌아가며 물이 '쿨럭' 하며 쏟아졌다. 겨울동안 몇 번 물이 얼었다 풀렸다 하더니만 탈이 났는데, 다행하게도 수도꼭지가 열린 것이다.

"와!"

앞에 섰던 아주머니들 입에서 탄성이 터져 나왔다.

수도는 몇 번 쿨럭이더니 이내 '쏴아' 하는 소리를 내며 흰 물줄기를 밖으로 쏟아 냈다.

"아, 빨리 물동이를 대야지, 뭘 혀?"

그 소리에 깜짝 놀란 아주머니들이 물동이를 대며 소란했다. 사람들은 물 한 방울이라도 흘리지 않으려고 조심스럽게 물을 받는 모습이었다. 사람들은 물동이를 앞에 두고 길게 줄을 서서 차례를 기다렸다.

"아저씨, 우리 동네에도 수도가 들어오면 좋겠어유."

기다리기가 무료했던지 숙자 아주머니가 말을 건넸다.

"아래 동네는 진작 수도가 다 들어왔는데, 왜 우리 동네는 소식이 없어요?"

"안 될 거야…… 힘들어……."

"왜요?"

"너무 높아서 그려, 수도 공사비도 만만찮고……."

"……."

사람들은 알고 있었다. 너무 고지대라 수돗물이 올라올 수도 없고, 수도 공사비가 많이 들어서 수도를 놓을 수 없다는 것을 알고 있었다. 그러나 그런 푸념은 줄을 서서 늘 수돗물을 받을 때마다 하는 하소연에 가까웠다.

수돗물은 사람들의 마음을 아는지 멈추지 않고 계속해서 물줄기를 쏟아냈다.

"이녀들, 수돗물 다 받고 나면 꼭지 잠궈, 수돗물 흘리지 말고."

"아저씨 어디 가시는데요?"

"아, 나 아침 먹으러 가. 수도 고치느라고 아직 아침도 못 먹었단 말이야."

아저씨는 수돗물 받는 사람들을 한번 살펴보고는 자리에서 일어섰다. 물탱크 위를 쳐다보니 아이들이 자전거를 타며 놀고 있었다.

"웬 자전거냐?"

"병근이 아버지가 사 주셨대요."

아이들은 병근이를 자전거에 앉히고 물탱크 가장자리를 빙글 빙글 돌면서 놀았다.

점심때가 다 되었는지 해가 높이 떠 있었다. 물탱크 앞에서 수돗물을 받는 사람들이나 물탱크 위에서 뛰노는 아이들이나 모두 평화로워 보였다.

그때였다. 아이들이 노는 것을 쳐다보고 막 발걸음을 옮길 때였다. 갑자기 "앗!" 하는 외마디 소리가 들리는가 싶더니 "쿵!" 하는 소리가 들렸다.

급히 뒤를 돌아보니 아이들이 물탱크 위에 서서 반대편 아래로 내려다보는 모습이 보였다.

사고였다. 방금 물탱크 위에서 자전거를 타고 놀던 병근이가 보이지 않았다.

뛰어가 보니 병근이가 자전거와 함께 물탱크 옆에 떨어져 있는 모습이 보였다. 자전거는 찌그러져 있었고, 병근이는 아프다며 울고 있었다. 다행히 병근이가 떨어진 곳은 비스듬하게 경사가 진 곳으로 풀이 많이 자라나 있는 곳이었다. 사람들이 줄을 서서 수돗물을 받는 곳은 높았는데, 만약 그곳으로 떨어졌으면 큰일 날 뻔한 일이었다.

"괜찮나?"

걱정스런 마음으로 묻자 병근이는 아프다고 난리였다. 머리와 이곳저곳을 살펴보니 다행히 큰 상처는 없는 것 같았다. 사람들이 몰려들었다. 잠시 후 병근이 아버지와 어머니가 달려왔다.

"누가 물탱크 위에서 자전거 타라고 그랬어!"

옆에 서 있던 김 씨 아저씨는 괜히 미안한 마음이 들었다.

"많이 놀랬지……."

"아뇨, 아저씨 미안합니다."

"아냐…… 내가 미안하지……."

병근이 아버지는 서둘러서 병근이를 등에 업고 총총걸음을 하며 시내 병원으로 내려갔다.

그 모습을 멍하니 쳐다보면서 아저씨는 혼자 말했다.

"내가 챙겨야 했는듸……."

아저씨는 병근이가 그렇게 사고가 난 것이 자기 때문이라고 생각했다. 물탱크 위에서 놀지 말라고 했으면 사고가 나지 않았을 텐데 하는 생각이 들었다. 아저씨는 아침도 점심도 거른 채 물탱크만 바라보았다.

병원에 다녀온 병근이 아버지는 망가진 자전거를 지나가는 고물상에게 팔아버렸다. 김 씨 아저씨는 물탱크 주위를 철조망으로 촘촘하게 감싸서 사람들이 들어가지 못하게 했다. 아이들은 이제 물탱크 위에 올라가 여름이면 자리를 펴고 누워서 별을 구경하거나, 병근이처럼 자전거를 타며 놀 수도 없었다. 아이들은 무덤 주위에서만 뱅글뱅글 돌며 놀아야 했다.

그리고 그런 일이 있은 후 며칠 뒤 김 씨 아저씨는 아이들이 노는 무덤 옆 한쪽 구석에서 열심히 땅을 파고 있었다. 사람들은 아저씨가 무엇을 하는지 아무도 몰랐다. 사람들은 아저씨가 밭을 만드는 줄 알았다. 땅이 평평하게 다 만들어진 후에도 아저씨는 그곳에 아무것도 하지 않았다.

어느 날 무덤 주위에서 놀던 아이들에게 아저씨가 다가와 말했다.

"오늘부터 여기서 놀아라."

아저씨는 아이들이 놀 수 있도록 땅을 만들고 있었던 것이다.

사람들은 땅이 조금만 있어도 밭을 만들었다. 그러나 아저씨는 아이들을 위해서 놀 땅을 만들었다. 밭을 만들면 이것저것 심어서 먹을 수 있는 것들이 많다는 것을 알면서도 아저씨는 그러지 않았다.

아저씨는 늘 아이들을 쳐다보았다. 아이들이 해맑은 모습으로 노는 것이 제일 기뻤다. 아이들이 노는 그 곁에는 커다란 물탱크가 우두커니 서 있었다.

웃천막 아래에는 아직도 이끼 낀 물탱크가 그대로 있다. 옛날처럼 사람들이 모여서 물을 받고, 김 씨 아저씨는 계시지 않지만, 마치 김 씨 아저씨의 일을 증언이나 하듯이 그 자리를 떠나지 않고 있다. 물탱크 위에서 쳐다보니 노을이 노랗게 넘어가고 있었다.

야반도주 夜半逃走

"안녕하세요?"

사람들을 만날 때마다 늘 상냥하게 인사하던 미진이 엄마가 있었다. 동네 사람들은 그런 미진이 엄마를 두고 칭찬이 자자했다. 어른들을 보면 인사를 하고, 아이들이 인사를 해도 고개를 숙이며 아이들의 인사를 받아주었다.

미진이네 식구는 시장에서 야채장사를 하고 있었는데, 시장사람들에게도 인상이 좋았다. 그래서일까 가게는 늘 손님들로 넘쳐났다. 아침 일찍부터 시작해서 밤늦게까지 일하는 모습이 고생스럽게 보이기는 했지만 참 아름답게 보였다. 그런 부모님들과 같이 사는 미진이도 참 행복해 보였다.

그리고 장사가 잘되면서 시장으로 이사를 갔다. 집과 가게가 나란히 붙은 집에서 살게 되었는데, 우리는 미진이를 학교에서밖에 보지 못하였다. 미진이는 학교에 올 때마다 점점 모습이 변했다. 입고 오는 옷이며, 가방이며 학용품도…… 아이들은 그런 미진이를 부러워했다.

그러던 어느 날 하루는 미진이가 학교에 보이지 않았다. 아무리 아파도 결석을 안 해서 아이들이 독하다고 할 정도였던 미진이였다.

'무슨 일이지…….'

별일 없을 것이라고 생각하면서 아침 수업을 시작했다. 밤에 내리던 비 때문에 천장에서 빗방울이 뚝 뚝 떨어졌다. 나무로 지어진 교실은 비만 오면 바닥이 진흙탕으로 변했다. 아이들은 천장에서 떨어지는 비를 피해서 책상을 들고 이리저리 옮겨 다니며 공부를 해야만 했다.

"선생님, 나 좀 볼까요?"

교실 문이 살짝 열리더니 교장 선생님이 선생님을 불렀다.

"……."

'무슨 일이지?'

선생님과 아이들은 무슨 영문인지 몰랐다.

복도에 나간 선생님은 교장 선생님과 한참 동안 이야기를 하고 있었다. 그리고 처음 보는 사람들 두세 사람이 그 곁에서 열심히 무엇을 묻고 있었다.

"선생님, 무슨 일인데요?"

"아냐, 아무것도……."

아이들은 궁금했지만 선생님은 더 이상 아무 말씀도 하시지 않으셨다.

창문으로 밖을 내다봐도 미진이는 보이지 않았다. 일찍 수업을 마친 아이들이 운동장에서 한가롭게 공을 차며 놀고 있었다.

그런 미진이의 소식을 들은 것은 학교를 마치고 집으로 돌아와서였다. 동네에는 이미 미진이네 일이 다 알려져 있었다.

"그럴 리가 없는데……."

"무슨 일이 있어서 그랬을 거야."

"아, 무슨 일이 있다고 해서 사람들 돈을 떼먹고 도망을 가?"

"하긴 그렇기는 해……."

어른들 말로는 미진이 엄마가 '계'라는 것을 했는데, 시장 사람들에게 받은 계돈을 모두 들고 야밤에 도망을 갔다는 것이다. 사람들에게 그렇게 인사를 잘하고 싹싹했던 것도 다 그런 이유 때문이라고 했다. 사람들은 사람 속을 모른다느니, 겪어봐야 안다느니 하면서 미진이 엄마에 대해서 이야기했다. 사람들이 달라졌다. 어제까지만 해도 칭찬하던 사람들이 흉을 보거나 험담을 늘어놓기 시작했다. 칭찬할 때는 언제고, 어른들이 이상하게 느껴졌다.

미진이에게 좋지 않은 감정을 가지고 있던 아이들도 어른들처럼 덩달아 흉을 보기 시작했다.

"걔 그럴 줄 알았어."

"맞아, 애들한테 잘해줄 때 알아봤어."

"돈 좀 있다고 뻐기더만 쌤통이야."

그러나 미진이와 친한 아이들은 미진이를 감쌌다.

"친구끼리 그러는 것 아냐!"

"뭐가 친구야?"

"돈 떼먹고 도망간 게 무슨 친구야."

"어떻게 미진이가 돈 떼먹고 도망간 거니?"

"그게 그거지 뭐야?"

아이들은 두 패로 나뉘어서 옥신각신하며 다투었다.

수줍게 얼굴을 붉히던 미진이 얼굴이 떠올랐다. 아이들이 시내에서 놀 때면 아이들에게 과자를 사주며 함박웃음을 터뜨리던 아이였다. 어젯밤에 부모님을 따라 아무 영문도 모른 채 도망을 갔을 것이다. 도망간다고 말하지 않았을 것이다. 어디 급하게 갈 일이 있어서 잠시 집을 떠난다고 안심시켰을지도 모른다. 지금쯤 친구들을 생각하고 있을 것이다. 웃천막 아이들 생각하고 있는 것은 아닌지, 군것질할 돈도 없이 가난하게 사는 아이들을 위해서 자기 용돈을 모아서 아이들에게 과자를 사주었다. 어머니 전대에서 돈을 훔친 것이 아니다.

언젠가는 자기 방에서 돼지 저금통에서 동전을 꺼내는 것을 보았다.

알고 보면 우리도 같은 사람들이라는 생각이 들었다. 어른들 말로는 '공범'이라고 했다.

어른들 중에도 미진이 엄마한테 돈을 빌린 사람들이 많았다. 급히 병원에 가야 하는데 돈이 없다고 미진이 엄마에게 돈을 빌린 사람도 있고, 돈을 빌려 주고 다른 사람은 이자를 받는데, 미진이 엄마는 이자를 안 받아서 너무 좋다고 한 사람도 있다. 아이들 학교 수업비가 없어서 빌리기도 했다. 방세를 못 내어서 끙끙거릴 때 미진이 엄마는 두말 않고 빌려 주었다. 미진이 엄마가 도망갔으니 빌린 돈을 안 갚아도 된다는 사람도 생겼다. 자기에게 이익이 되면 아무 말을 않다가도, 조금 손해가 된다고 생각되면 사람들은 기를 쓰고 나섰다. 우리도 아버지 약값으로, 그리고 내 학교 회비로 여러 번 돈을 빌린 기억이 있다.

친구 동춘이가 책을 흔들며 난처한 표정을 지었다.

"어제 미진이한테 빌린 책인데……."

나도 어떻게 할 방법이 없었다.

미진이는 어디 갔을까. 나중에 사람들 말로는 서울에서 봤다는 사람도 있고, 미진이 할아버지가 서울에 계시는데 큰 병이 나서 수술비 때문에 돈을 가지고 도망갔다는 말도 들렸다. 그러나 정확하게 아는 사람은 아무도 없었다.

미진이네 가게는 문이 꼭꼭 잠겨 있었다. 문 틈 사이로 안을 엿보아도 가게는 불이 꺼진 채 아무 기척이 없었다.

미진이 자리는 오랫동안 비어 있었다. 선생님은 미진이 자리를 비워 두라고 말씀하셨다. 다른 아이가 전학을 와도 미진이 자리는 비워 두었다. 선생님도 미진이가 다시 돌아오기를 기다리고 계셨다. 동춘이가 미진이에게 빌린 책이 책상서랍에 들어 있었다. 우리는 미진이를 잊지 않았다.

부선(艀船) 마을[7]

철도를 건너 부둣가로 가면 부둣가 주변에 움막집을 짓고 사는 사람들이 있었다. 사람들은 한 번도 부둣가를 떠나 본 적이 없는 사람들처럼, 철도를 넘어 놀러 온 우리들을 이상하게 쳐다보았다. 아이들은 움막집 출입구를 가리고 있는 거적때기를 걷고 경계의 눈초리로 쳐다보았고, 그럴 때마다 우리는 마치 전쟁에서 같은 편임을 증명하듯이 우리가 사는 곳을 손가락으로 가리켜야만 했다.

"우리, 저…… 산 위에 웃천막에 산다."

우리는 아이들을 쳐다보며 멀리 까마득하게 보이는 산 위를 가리켰다. 우리가 가리키는 산등성이에는 집들이 빼곡했다. 산 아래 동네 위로 아래

---

[7] 60~70년대 부둣가를 생활 거주지로 삼고, 일정한 직업이 없이 주변에 있는 부두를 전전하며 생계를 이어가는 사람들이다.(저자 注)

천막이 보였다. 그리고 그 위 너머에 웃천막이 있는데 웃천막은 보이지도 않았다. 부둣가 아이들은 그때서야 안심이 되었는지 경계의 시선을 풀었다. 비슷한 처지에서 사는 아이들이라고 느낀 것일까. 아니면 별 볼 일 없는 아이들이라고 생각되었던 것일까.

부둣가 주변 바다는 검은 기름이 둥둥 떠다니고, 파란색 노란색을 한 가느다란 기름띠들이 출렁이는 물결을 따라 부둣가로 넘실거렸다.

부두 옆 바다 한쪽에는 어른 두세 사람이 팔을 이어야만 안을 수 있는 아름드리 통나무들이 바다 위를 둥둥 떠다녔는데, 넓은 바다가 통나무들로 꽉 차 있었다.

다행하게도 웃천막 아이들과 부둣가 아이들은 금방 친해졌다. 아이들은 보란 듯이 통나무 위를 뛰어 다니며 묘기를 부렸다. 아차하면 미끄러져서 큰일이 일어날 것 같은 통나무 위를 다람쥐처럼 뛰어 다녔다. 웃천막 아이들 한둘이 그 아이들처럼 따라 하다가 엉거주춤 몇 발 떼지 못하고 물러서고 말았다. 통나무가 빙글 빙글 돌자 바다에 빠질까 무서웠기 때문이다.

아이들의 말로는 해마다 통나무를 타다가 물에 빠져서 목숨을 잃는 일이 생긴다고 했다. 작년에도 통나무 위에서 놀던 한 아이가 바다에 빠져서 통나무 아래에 갇혀 목숨을 잃었다고 했다. 그런 말을 하면서도 아이들은 태연했다. 그렇다고 놀 곳이 따로 없기 때문일 것이다. 그 말을 듣자 통나무가 둥둥 떠 있는 바다가 더욱더 무서워졌다.

어른들이 일하러 나간 부둣가 움막집은 한산했다. 일하러 나가지 못한 어른들도 밖으로 나오지 않았고, 간혹 움막 밖으로 나오기는 했지만, 부스스하고 무표정한 얼굴로 아이들을 한 번 쳐다 본 후 먼 바다를 향해 돌아서서 오줌을 누고는 다시 움막 안으로 쑥 들어가 버렸다.

"여기서 뭐 하는데?"

부선 마을 아이들은 대답 대신 그냥 웃기만 하였다. 대답을 피하는 모습이 역력했다.

"너거는 뭐 하는데……."

대답이 물음으로 다시 돌아왔다.

"우리는……."

웃천막 아이들도 말하지 못했다.

답을 해 봤자 뻔한 말이다. 산에서 놀고, 다람쥐 잡으러 다니고, 뱀도 잡으러 다니고, 그게 전부였다. 괜히 물어봤다는 생각이 들었다.

아이들과 이야기 하는 중에 한 아주머니가 움막에서 나와 바다로 요강 물을 쏟아 부었다. 아주머니는 아이들을 쳐다보더니 이내 아무 일도 없었다는 듯이 움막 안으로 모습을 감추었다.

그래도 오늘은 마침 쌀을 싣고 오는 배가 있어서 일손이 많이 필요하여 아저씨들이 일하러 많이 나갔다고 했다.

"우리 오늘 쌀밥 먹는다."

한 아이가 부럽지 하는 표정으로 자랑을 했다.

그러자 웃천막 아이들의 얼굴이 금방 부럽다는 표정으로 변했다.

"쌀밥 자주 먹나?"

"아니, 쌀 싣고 오는 배가 많이 오면 자주 먹는데, 안 그러면 못 먹어."

그렇지만 부선마을 아이들은 그래도 좋다는 표정이다.

"날라 다니는 쌀8)이라도 좋아, 밥만 많이 먹으면."

한 아이가 움막에 불쑥 들어갔다 나오더니 호주머니에서 쌀을 한 움큼 꺼내어서 보여주었다.

마치 작은 구더기같이 작고 길쭉한 흰 쌀이 손바닥에 펼쳐졌다. 쌀 모양이 신기했다.

"쌀 좀 주까?"

웃천막 아이들은 대답 대신 정말이냐는 표정으로 아이들을 쳐다보았다.

"나중에 우리 동네 오면 고구마 많이 주께."

웃천막 아이들도 지지 않고 흥정을 했다.

그렇게 부둣가에서 한참을 논 아이들이 다시 철도를 넘어서 웃천막으로 향했다.

수십 가닥의 철도 선로들이 얽혀 있는 철로는 마치 포로수용소의 가시철조망처럼 부선마을 아이들과 웃천막 아이들을 갈라놓았다. 함부로 넘어 갈 수도 없고, 넘어 가 본 적도 없는 철도는 두 마을 아이들의 삶의 경계였다. 아이들은 마치 큰 이별이나 하는 것처럼 죄다 몰려와서 철도를

---

8) '안남미'를 일컫는 말이며, 모양이 길쭉하고 찰기가 없어서 숟가락으로 먹으면 분리될 정도로 점성이 약하고, 밥그릇을 들고 젓가락으로 마시는 형태로 밥을 먹게 된다. 대국, 베트남, 인도가 있는 동남아시아에서 주로 경작 재배되며, '안남미'를 발음하다 '알랑미'라고 부르게 되었다.

건너는 아이들을 구경했다.

"우리 동네 꼭 놀러 온나! 알았제!"

철도를 다 건넌 웃천막 아이들이 손바닥을 둥글게 모아 반대편에 서 있는 부선마을 아이들을 향해서 큰 소리로 외쳤다. 그러자 부선마을 아이들도 모두 큰 소리로 대답하는 모습이 보였다.

크게 손을 흔들며 아이들은 헤어졌다. 부선마을 아이들은 웃천막 아이들이 보이지 않을 때까지 오랫동안 그 자리에 서 있는 것이 보였다.

웃천막 아이들은 부선마을 아이들이 준 쌀부대를 어깨에 메고 있었다.

산등성이를 오르다 뒤를 돌아다보니 멀리 부둣가가 보였다. 나지막한 움막집과 판잣집들이 성냥갑처럼 다닥다닥 머리를 맞대고 있었다. 부선마을 아이들은 보이지 않지만, 그 아이들도 우리를 쳐다보고 있을 거라고 생각했다. 볼 수만 있다면 얼마나 좋을까. 왠지 모를 아픔이 가슴속 깊이 스며들었다. 그러나 부선마을 아이들은 "놀러 갈게."라는 약속을 지킬 수가 없었다. 웃천막 아이들이 다녀간 후 부선마을 사람들은 동네를 떠나야만 했다. 부선마을이 철거되었기 때문이다. 그때 부선마을에는 1천 6백 채나 되는 움막집과 판잣집이 있었다고 한다. 그리고 많은 어른들과 아이들이 철거와 함께 모두 사라졌다. 사람들이 떠난 그 자리에 높은 사람들은 기념탑을 만들고 축하행사를 했지만, 부선마을 사람들은 다시 긴 겨울을 추위에 떨면서 살아야 했다.

부두 철거 공사에 다녀 온 동네 아저씨들이 그랬다.

"아저씨 웃천막에 사세요?"

"그래, 왜?"

"그냥요……."

부선마을 아이들이 보고 싶다. 쌀 주머니를 준 아이들이 말이다. 우리가 떠날 때까지 오래도록 손을 흔들어 주었던 아이들 말이다.

엄마의 행상

　추위가 몰아닥친 어느 겨울 오후 불씨조차 없는 판잣집 안에서 낮은 울음소리가 들렸다.
　부엌에는 몇 개 되지 않는 그릇이 찬장에 놓여 있고, 썰렁한 고구마 몇 개만이 달랑 소쿠리에 담겨 있었다. 먹을 것이라고는 그것밖에 없는 것 같았다.
　방바닥에 주저앉아 울고 있는 사람은 보경이 누나였다.
　보경이 누나는 웃천막에서 중학교에 다니는 몇 안 되는 학생 중 한 사람이었다.
　공부를 제법 잘한다고 동네 사람들의 칭찬을 받으며 엄마와 함께 살고 있었다.

보경이 누나가 엄마의 일을 목격한 것은 어제 낮이었다.

여느 날처럼 학교 수업을 마치고 엄마가 일하는 시장으로 발걸음을 옮길 때였다. 엄마가 늘 있던 자리에 사람들이 몰려 있는 광경을 보았다.

'무슨 일이지.'

궁금한 마음에 발걸음이 빨라졌다.

사람들은 누군가를 에워싸고 웅성거리고 있었다.

사람들이 에워싸고 있는 사이를 비집고 안을 들여다보니 한눈에 엄마가 보였다.

"엄마!"

그것은 엄마였다. 엄마는 늘 머리를 감싸고 있던 하얀 수건이 벗겨진 채로 누군가에게 악을 쓰고 있었다.

"내가 뭘 잘못했는데, 여기서 장사하는 게 뭐가 잘못됐는데."

"아줌마 여기서 장사하면 안 된다고 몇 번이나 말했소. 잔말 말고 빨리 따라 오소."

사내는 엄마의 팔을 우악스럽게 잡아끌었다. 가느다란 엄마의 팔이 질질 끌렸다.

눈물이 왈칵 났다.

"아저씨!"

갑자기 큰 고함 소리가 들리자 사내는 놀란 눈으로 소리 나는 쪽을 쳐다보았다. 그러나 놀란 것은 사내보다 엄마였다.

"보경아……."

엄마는 말을 잇지 못했다.

"네가 어떻게 여길……."

"아저씨 우리 엄마가 뭘 잘못했어요? 왜 그러시는 거예요?"

소리를 치며 사내의 옷을 붙잡고 흔들자 사내는 어찌할지 몰랐다.

그러자 주위에서 구경하고 있던 상인들과 구경꾼들이 입에서 말이 쏟아졌다.

"여보시오, 좀 먹고 살자는 데 너무 한 거 아니오."

"법도 인정이 있어야지. 사람이 너무 그러면 못 써요."

"잡아가서 우짤라꼬. 거 젊은 사람이 너무하네."

사람들은 마치 자기 일인 양 거들고 나섰다. 차가운 바닥에 앉아서 장사를 하던 할머니, 아주머니들이 장사는 뒷전인 채 모두들 보경이 누나 엄마 일로 자리에 서 있었다.

"봐라, 니도 엄마 있제? 너거 엄마가 그러면 니 그라겠나. 한번 생각해 봐라."

사람들이 사내의 엄마까지 들먹이자 사내는 그제야 아주머니의 팔을 슬며시 놓았다.

"아줌마! 담부터는 절대 여기서 장사하지 마소."

사내는 벌컥 한 마디 내뱉고는 사람들 사이를 헤치고 사라졌다.

"염병할 놈, 다시 오기만 해 봐라. 가만두는가."

사람들은 팔뚝을 들어 올리는 손 욕을 하면서 화풀이를 대신했다.

사람들이 흩어진 자리에 망연자실 엄마가 앉아 있었다. 추위에 꽁꽁

언 엄마의 얼굴, 손가락 마디마다 터서 갈라지고, 생선을 손질하다 베인 손은 상처로 가득했다. 가슴에 두르고 있는 돈을 넣는 전대는 더러운 잿빛얼룩으로 이미 본래의 색을 잃고 있었다.

"엄마……."

누나는 다시 엄마를 불렀다. 엄마의 눈에서 눈물이 주르륵 흘러내렸다.

보경이 누나 엄마는 생선 장사를 하며 보경이 누나의 학비를 대었다. 아침 새벽 일찍 자갈치에 가서 생선을 받아다가 다시 먼 길을 걸어서 시내에 있는 시장에 와서 생선 장사를 했다.

그날도 이미 한바탕 단속반원들이 지나간 후였다. 그런데 장사할 곳을 찾지 못하고 할 수 없이 다시 그 자리에서 장사를 하다가 단속반원에게 들킨 것이다. "단속반원들 떴다!"고 할 때마다 엄마는 몇 번을 숨어야 했다. 그렇지 않으면 다라이를 차버리거나 물건을 빼앗아 가고, 심하면 끌고 가서 벌금까지 물렸다.

"괜찮아, 걱정 말어. 이까짓 것 아무것도 아냐."

엄마는 누나의 어깨를 다독였다.

"콜록! 콜록!"

엄마의 기침 소리가 커졌다. 엄마는 오늘 새벽에도 기침을 하시면서 일을 나가셨다. 누워서 엄마가 일을 하러 나가는 것을 보면서도 엄마를 말리지 못한 자신이 미웠다. 엄마가 일 나가고 떠난 자리에는 학교에서 받아 온 수업료 통지서가 방바닥에 남아 있었다.

"엄마, 나 학교 회비 내야 돼."

어제 저녁 늦게 시장 일을 마치고 집으로 온 엄마에게 아무렇지도 않은 듯 건넨 수업료 통지서였다. 엄마는 그 통지서를 보시고 아픈 몸을 이끌고 새벽에 일을 하러 나가신 것이다.

"엄마, 같이 들어가. 미안해."

"괜찮아, 뭘 미안해."

엄마는 누나의 마음을 다 안다는 표정을 지으며 누나의 머리카락을 귀 뒤로 넘겨주었다.

엄마의 성화에 못 이겨 집으로 발을 떼면서 뒤를 돌아보니 엄마는 열심히 사람들에게 생선을 팔고 있었다.

"자! 생선이오. 싱싱한 생선이오. 몇 마리 남지 않았으니 다 사가면 뜨래미(떨이)로 드립니다."

"자! 생선이오, 생선."

사람들에게 가려 보이지 않았지만 엄마의 목소리는 분명하게 귀에 들렸다.

다시 찬바람이 불었다. 바람이 불자 문에 붙은 창호지가 '부-웅' 하는 소리를 내며 떨었다. 엄마가 언제 오실는지 알 수 없었다. 누나는 엄마가 오시면 따뜻하도록 방에 불을 지폈다. 오두막 굴뚝에서 흰 연기가 피어올랐다. 흰 연기는 어둠 속에서 하얗게 피어오르다가 바람에 날려 어디론지 흩어져 버렸다.

사금쟁이 아저씨와 딱쇠 형들

추석을 하루 앞두고 구두를 닦는 사람들이 부쩍 늘었다.

사람들은 구두를 광나게 닦아두었다가 추석날 아침에 신으려고 하는지도 몰라도 다른 날보다 구두 닦는 사람들이 더 많았다.

극장 앞에서 구두를 닦는 구두닦이들은 손님이 많아서 신이 났는지 입에서 흥얼거리는 노래 소리가 끊이지 않았다. 스피커에서 나오는 노래 소리에 맞춰 구두를 닦는 손도 리듬을 타고 있었다.

"아, 그 참 좀 더 잘 닦으라니까."

"아이, 아저씨도 이 정도면 됐지, 얼마나 더 닦으라는 말이에요?"

"여기 봐, 여기는 하나도 안 닦았잖아."

"이 정도면 잘 닦은 거예요."

"뭐?"

다른 구두닦이 형들은 말쑥하게 양복을 차려입은 신사와 구두닦이 형이 입씨름을 하는 것을 보면서, 입씨름을 말리기는커녕 누가 이기나 보자 하는 장난기 있는 표정을 보이며 구두닦기에 여념이 없었다.

그런 일은 늘 있는 일이었다. 그 정도 입씨름은 약과였다. 구두닦이 형들은 구두를 닦을 때, 손님이 있으면 물을 찍어서 물광을 내지만, 손님이 없으면 침을 '돼!' 하고 뱉어서 광을 내기도 했다. 그러다가 손님이 발을 내밀고 앉아 있는데도 버릇처럼 '돼!' 하고 침을 뱉었다가 손님에게 호되게 야단을 맞거나 심할 경우에는 뺨을 맞기까지 했다.

그렇게 구두를 닦는 구두닦이들 가운데 뭔가 다르게 느껴지는 한 사람이 있었다. 비록 얼굴과 손에는 구두약이 묻어서 여느 구두닦이들과 다를 바 없이 보였지만, 조금은 학구파 같은, 그래서 구두닦이 형들은 그를 가리켜 '샌님'이라고 불렀는데, 우리는 그를 '딱쇠 삼촌'이라고 불렀다.

'딱쇠 삼촌'의 이름은 '오기철'이다. 삼촌은 낮에는 구두통 앞에 앉아 구두를 닦고, 밤에는 야간대학에 다니는 대학생이었다. 구두닦이 형들은 손님들에게 자랑했다.

"아저씨, 이래봬도 저 사람 대학생이에요."

"D 대학교에 다닌다니까요."

"정말?"

"예…… 에."

사람들은 간혹 구두닦이라고 함부로 말하다가 딱쇠 삼촌이 대학생이라는 말을 들으면 슬며시 꼬리를 내렸다. 그런 딱쇠 삼촌은 구두닦이들

에게 자랑이었다. 구두 수선하는 사금쟁이 아저씨 〈예전에 사금砂金 캐는 일을 했던 일로 인해 사람들은 '사금쟁이 아저씨'라고 불렀다.〉는 삼촌이 손님들의 구두를 찍어오지 못할 때 혼을 냈던 일을 들추며 미안하다고 했다.

"그때 내가 사람을 잘못 봤어. 진즉에 알아 봤어야 하는데 말이야."

사금쟁이 아저씨는 그런 딱쇠 삼촌을 위해 극장 안에 있는 조그만 방을 빌려 쓸 수 있도록 해주었다. 삼촌은 거기에 책가방이랑 옷을 보관해 두고 일을 마치면 곧장 학교로 뛰어갔다.

"이봐! 샌님이!"

"예? 누구……."

"아, 자네 말고 여기 누가 있나. 자네 말이야, 자네."

"……."

"여기 또 누가 등록금을 두고 갔어. 매번 그러네…… 허참, 신기하네……."

사금쟁이 아저씨는 주위를 두리번거리며 사람을 찾았다. 그러나 주위에는 다른 사람이 없었다. 그저 장사하는 사람들과 시장 보러 온 사람들만 다닐 뿐, 시장은 여느 날처럼 똑같았다.

"아, 누가 이렇게 좋은 일을 한대?"

아저씨는 샌님이 삼촌을 쳐다보며 신기한 일이라는 표정을 지었다.

"누가 그러죠……."

"글쎄 말이야, 참 이상하제."

아저씨는 두리번거리며 다시 찾아보는 시늉을 했지만 그런 사람은 없었다.

신문지에 쌓여 있는 것은 돈이었다. 그것은 샌님이 삼촌이 학교에 낼 등록금과 같은 액수였다. 아저씨가 돈 뭉치 사이에서 작은 쪽지를 발견하고 읽었다. 거기에는 이렇게 쓰여 있었다.

"꼭, 희망을 잃지 말고 열심히 공부해서 훌륭한 사람이 되어 주십시오."

글은 연필로 삐뚤삐뚤하게 굵게 적혀 있었다.

"아저씨, 누가 이렇게 많은 돈을 가져다 놓죠?"

"몰라, 내가 알어? 참 희한한 일이네."

아저씨는 영문을 모르겠다는 표정으로 도리어 삼촌의 얼굴을 살폈다.

샌님이 삼촌이 마침내 대학교 졸업을 하게 되었다. 샌님이 삼촌은 그동안 구두를 닦으면서 고생한 일들이 머리에 떠올랐다. 학교에서는 그런 역경을 이겨내며 공부를 했다고 큰 상을 주었다. 많은 사람들의 갈채와 박수가 터져 나왔다. 그러나 삼촌은 그런 박수와 갈채를 받는 것이 자기라고 생각되지 않았다. 삼촌은 친구들의 축하 모임을 살짝 빠져 나와 시장에서 구두를 닦는 형들이 있는 곳으로 향했다.

사금쟁이 아저씨는 여전히 골무를 손에 끼고 구두를 깁고 있었다. 딱쇠 형들은 무슨 이야기를 하는지 웃으면서 장난을 치며 연신 입으로는 노래를 흥얼거리며 구두닦기에 여념이 없었다.

"아저씨! 영구야! 진도야! 창근아······!"

삼촌은 말을 잇지 못했다. 삼촌은 울고 있었다. 삼촌은 더 이상 말을 잇지 못하고 사금쟁이 아저씨를 와락 껴안았다.

"아저씨!"

놀란 표정을 한 사금쟁이 아저씨의 눈에서 눈물이 흘렀다. 옆에서 구두를 닦던 형들이 모두 일어났다. 형들도 울고 있었다.

"그래, 그동안 고생 많았다. 애 많이 썼어."

구두를 닦던 손님들이 무슨 일인가 하는 표정으로 살피고 있었다.

"형! 형이 학교에 가고 나면 사금쟁이 아저씨가 딱쇠 형들을 모아서 돈을 모으는 것을 내가 봤어. 다른 형 말로는 샌님이 삼촌 등록금을 모으는 중이래. 정말이라니까."

그동안 누군가가 몰래 두고 간 등록금의 주인공은 사금쟁이 아저씨와 구두를 닦던 동생들이었다. 샌님이 삼촌이 학교에 가고 나면 매일 그렇게 조금씩 돈을 모아 등록금을 마련했던 것이었다.

울고 있는 샌님이 삼촌을 품에서 떼어 놓으며 사금쟁이 아저씨가 큰 소리로 외쳤다.

"야! 빨리 가서 구두 찍어 와, 졸업했다고 노는 거 아냐. 어서 빨리 가지 못 해?"

　사금쟁이 아저씨의 그 말에 모두들 웃음이 터졌다. 모두들 눈물에 젖은 얼굴이지만 기쁜 얼굴이었다.

전쟁은 아직 끝나지 않았다

"아유 또 그 전쟁 얘기, 지겹지도 않수?"

"뭐? 지겹기는 뭐가 지겨워, 얼마나 재밌는데. 당신은 몰라서 그래."

"민호야, 들어봐 바, 그때 아버지가 군대 있을 때 아버지 앞으로 차가 세 대나 있었는데, 하나는 쓰리쿼터, 하나는 제무시(G.M.C.),[9] 하나는 짚차(지프차), 그냥 마음 내키는 대로 타고 다녔거든……."

아저씨는 민호를 앞에 앉혀 놓고 장황하게 군대 이야기를 하기 시작했다. 아저씨의 군대 이야기는 늘 같은 레퍼토리였다. 군대에 있을 때 타고 다녔던 자동차 이야기, 술을 코가 삐뚤어지게 마시고는 운전을 하다가 몇

---

9) 미국 제너럴모터스사에서 만든 4륜 트럭으로, 6.25 전쟁 때 사용하다가 이후 전쟁이 끝난 후 군대와 민간에서 사용하였으며, '지엠시'의 발음이 '제무시'로 변한 듯하다.

번이나 죽을 뻔한 이야기, 잘하지 못하는 꼬부랑 영어 이야기, 군대 군번 영어로 말하기 등등 한두 번 들은 사람은 그 다음부터는 무슨 이야기가 나올지 뻔히 알 수 있었다.

"그래서 그때 하루는 술을 코가 비뚤어지게 마시고 운전을 하는데, 아마도 파주 부근이었던 것 같아, 차가 논두렁으로 이리 쿵, 또 조금 가다가 저리로 쿵 하면서 가는 거야. 또 비가 억수같이 쏟아지는 밤에 운전을 하는데, 한 치 앞도 볼 수 없는데 가다가 이상해서 차를 세우고 앞을 보니 낭떠러지가 있는 거야. 얼마나 머리가 쭈뼛 서든지, 그때만 생각하면 지금도 몸서리가 쳐지지."

"그리고 그 다음에는 헬로 오케이죠?"

"어? 니가 그걸 어떻게 알아?"

"아이, 그걸 왜 몰라요. 어디 한두 번 들었어야죠."

"그래? 하긴…… 그렇기는 하다만……."

남은 이야기를 하기도 전에 다 알고 있다는 듯이 말해버리자 아저씨는 아쉬운 표정을 지으며 이야기를 끝냈다.

"으흠!"

아저씨는 헛기침 소리와 함께 무안한 표정을 감추려고 담배를 피워 물었다. 그때 방문 바깥으로 최 상사 아저씨가 지나가는 것이 보였다.

"최 상사! 어디 가나?"

최 상사 아저씨는 요즘 일거리가 없는지 동네에서 자주 보였다. 아저씨는 시장에서 고무줄이나 나프탈렌 같은 것을 팔면서 지내는데 그마저도 벌이가 신통치 않는지 장사하러 가는 모습이 별로 보이지 않았다.

"옆에 상진이 집에 한번 가볼라고……."

"왜? 또 노름하러?"

"아니 이 사람, 내가 언제 노름하러 간다고 했어, 한번 가 본다고 했지."

"그게 그거지 뭐여."

"아니라니깐……."

"아줌씨는?"

"아래 동네에 집 짓는다고 일 나갔어. 아침 일찍……."

"민호야! 가게 가서 막걸리 좀 받아 오너라."

민호 아버지와 최 상사 아저씨는 죽이 맞았다. 두 분 다 군대에 있을 때 군대 전공이 많은지 이야기를 하면 밤새워 해도 시간 가는 줄 몰랐다.

민호 아버지와 최 상사 아저씨는 막걸리 잔을 비우며 다시 옛날로 돌아가 있었다.

이야기는 어느덧 월남 파병으로 화제가 바뀌었다. 최 상사 아저씨도 군대에 있을 때 다치지만 않았다면 월남으로 파병 갔을 건데 하면서 아쉬워했다.

"그때 월남에 갔으면 지금쯤 어마 어마하게 벌어서 올 건데 말이야."

"아, 밑에 동네 종철이 봐 바. 월남 간 지 얼마 됐다고 벌써 들어오지 않았나."

"집에 올 때 봤어? 제무시에 큰 화꼬작(나무상자)을 싣고 왔더만, 짱도리로 여니까 없는 게 없어, 뭐 텔레비나 냉장고나, 라디오도 있고 레이션 박

스도 어마어마하게 들어 있고, 하여튼 월남 갔다 오면 팔자 핀다니까네."

아저씨들은 퍽 아쉬운 표정들이었다. 걸쭉한 막걸리를 손가락 휘저어 단숨에 마시며 아쉬운 표정을 가라앉히고 있었다.

"내 이 팔만 아니었으면……."

최 상사 아저씨는 결국 없는 팔 한 쪽을 손으로 툭툭 치며 아쉬워했다.

술잔을 주거니 받거니 하다가 결국 술에 취하고 말았다. 소변이 마려운지 자리에서 일어서며 최 상사 아저씨는 민호 아버지에게 거수경례를 했다.

"최 상사 물러갑니다."

최 상사 아저씨는 마치 군대에서 하는 것처럼 절도 있는 모습으로 경례를 올렸다. 그리고 구성진 노래 소리가 입에서 흘러 나왔다.

"오늘도 건넌다마는 정처 없는 이 발~길……."

아저씨는 그렇게 노래를 부르며 소변을 누러 가고는 다시 돌아오지 않았다. 그럴 때마다 집으로 간다는 것을 잘 알고 있었다.

최 상사 아저씨가 가고 나자 무거운 정적이 흘렀다. 군대 이야기할 때는 좋았는데, 다시 현실로 돌아오니 세월이 야속하게 느껴지는 것 같았다.

아저씨는 수첩에서 군대에 있을 때 찍은 색 바랜 사진을 두 장을 살며시 꺼내 들었다.

사진 속의 아저씨는 다른 군인 아저씨와 나란히 어깨동무를 하고 활짝 웃고 있었다. 지금보다는 몇 배나 젊은 미남 얼굴이었다. 뒤의 사진은 제무시 트럭 위에서 드럼통을 내리면서 찍은 사진이었다. 아저씨는 미군들과 같이 생활했고, 거기가 아마도 미군 보급창일 거라고 했다.

시간이 지나면서 사진은 더욱더 색이 바래갔다. 조심해서 보관한다고 했지만, 사진이 접히기도 하고, 점점 사진을 꺼내 보는 시간도 줄어들었다. 세월과 함께 아저씨의 기억도 수첩 속 사진만큼이나 바래져가고 있었다.

그러나 아저씨의 군대 이야기는 멈추지 않았다. 아마도 가장 좋았던 시절, 가장 풍요롭던 시절이기 때문이었을 것이다.

"그때 내 밑에 자동차가 세 대나 있었는데 하나는 쓰리쿼터, 하나는 제무시(G. M. C,), 하나는 짚차……."

어기여차

어렵고 힘들 때는 나무에서 떨어지는 가랑잎 하나도 힘들게 느껴진다.

새벽 일찍 일자리를 구하러 시내에 갔다가 일자리를 구하지 못했는지 아저씨들과 삼촌들 몇이 동네로 다시 힘겹게 올라오는 모습이 보였다. 그런 모습을 필순이 할머니가 보고 있었다.

"아침 댓바람부터 어디 다녀오는 겨……?"

"아, 일자리 구하러 다녀와요."

"근듸……? 일이 없어?"

"야…….."

"정말 큰일이네, 동네 남정네들이 일을 해야 하는듸……."

할머니는 동네로 들어가는 아저씨와 삼촌들의 뒷모습을 보면서 혼자 말로 중얼거렸다.

아저씨와 삼촌들의 축 늘어진 어깨며 걸음걸이가 할머니의 마음을 아프게 만들었다.

아침나절이 훨씬 지나고 점심때가 다 되어서야 그때까지 방 안에 누워 있던 사람들이 게슴츠레한 눈을 뜨고 바깥 동정을 살폈다. 일찍 일어나 봤자 별로 할 일이 없는 사람들은 꼼지락거리면서 이부자리에 계속 누워 있었고, 겨울같이 추운 날에는 하루 온종일 바깥으로 한 발자국도 나가지 않고 그냥 그대로 있는 사람들이 많았다.

낙엽이 다 떨어지고 남은 앙상한 가지 위에서 까치가 '깍깍' 소리를 내자, 산동네는 더 을씨년스럽게 느껴졌다. 산에서 '쏴아' 하고 바람이 불자 나무들이 우수수 소리를 내면서 마지막 달고 있던 나뭇잎들을 떨어내었다.

그때 아래 동네로 파란 드럼통('도라무깡'[10]이라고 불렀다.)을 가득 실은 트럭이 마른 먼지를 폴폴 날리면서 힘겹게 올라오는 모습이 보였다. 파란 드럼통에 든 것은 하얀 고무 액체였는데, 아래 동네 고아원 옆에는 고무 장갑이나 풍선공장들이 있었다.

마침 아래 동네로 내려가던 득희 아저씨가 그것을 보았다. 아래 동네 공장에서는 무거운 드럼통을 공장으로 나르려면 사람이 필요하다는 것

---

[10] '드럼통'의 일제식 경상도 사투리. '도라무깡'은 일본말로 일본어 사전을 보면 다음과 같이 나와 있다. 도라무→ドラム: 드럼(drum) 깡→缶(かん): 깡통, 통조림. 〈출처 : 네이버 국어사전〉

을 알고 있었다. 아저씨는 동네로 내려가던 발걸음을 돌려 웃천막으로 올라가면서 큰 소리로 사람들을 불렀다.

"태호 아버지! 홍태 아버지! 일남아! 광호야! 국태야! 도경아"

아저씨는 마음이 바빴다. 어서 빨리 사람들을 모으지 않으면 그나마 저 일도 할 수 없기 때문이었다.

그러자 여기저기에서 사람들이 나타났다.

"왜? 무슨 일인데?"

"아, 저기 아래 동네 고무공장에 드럼통이 왔어. 빨리 내려가 봐야제."

"응?"

아저씨와 삼촌들은 누가 먼저랄 것도 없이 아래 동네로 내려가기 바빴다. 조금이라도 늦으면 아래 동네 사람들이나 아래 천막 사람들에게 일거리를 빼앗기기 때문이었다.

한걸음에 아래 동네로 뛰어 내려가니 드럼통을 실은 트럭이 막 동네로 올라오고 있었다.

얼마나 숨 가쁘게 부리나케 뛰어 내려왔던지 정신이 없었다. 먹지 못한 배에서 꼬르륵 하는 소리가 들렸다. 아침에 고구마 몇 개로 끼니를 때운 삼촌도 있었다. 그러나 그렇다고 내색할 수 없었다. 그럴 때마다 물 한 그릇을 들이키며 배를 채워야 했다.

"아저씨, 우리 일 좀 해도 되죠?"

인상 좋은 득희 아저씨가 공장주인 아저씨에게 인사를 겸해서 청을 넣었다.

"어이구 이렇게 많이 왔어? 일거리도 별로 없는데……."
"아이구, 괜찮습니다. 우리끼리 나눠 하면 되죠. 염려 마세요."
아저씨들과 삼촌들은 이미 트럭에서 드럼통을 내리고 있었다. 파란색 드럼통은 트럭에서 땅으로 굴러 떨어지면서 '쿵!' 하는 소리를 내었다. 보기보다는 무거운 드럼통이었다. 고무공장까지 경사가 가파르고 계단이 많아서 여간 힘든 일이 아니었다. 그렇다고 내색할 수 없는 일이었다. 이런 일은 신용이 제일이었다. 힘들다고 불평하면 다음번에는 일을 시켜 주지 않기 때문이다.

아저씨와 삼촌들은 드럼통을 가운데 두고 앞뒤로 두 사람씩 기다란 나무 막대기를 어깨에 걸치고 밧줄을 드럼통에 엮어서 어깨에 메었다. 드럼통의 무게에 아저씨들이 휘청거렸다. 한눈에 봐도 만만찮은 무게라는 것을 알 수 있었다.

"자! 갑시다."

겨우 버틴다고 생각될 때 득희 아저씨가 신호를 했다. 그러자 용을 쓰면서 아저씨들의 입에서 소리가 나왔다.

"어기여차."

"어기여차."

아저씨와 삼촌들은 서로 주거니 받거니 하면서 한 발자국씩 발걸음을 옮겼다.

약한 몸으로 허기진 배를 안고 무거운 드럼통을 메고 간다는 것은 고통이었다. 그렇더라도 하지 않으면 안 되었다.

가파른 경사 길을 오르고, 두 사람이 겨우 지나다닐 수 있는 긴 계단을 오르는데, 그때마다 무거운 드럼통은 울렁거리며 아저씨들을 위협했다.

"어여차."

"어여차."

힘에 부쳤는지 아저씨들의 소리가 "어여차."로 바뀌었다. 숨이 막힐 지경이다. 어깨에 걸친 긴 나무 막대가 아저씨들의 어깨를 사정없이 누르고 있었다. 옆에서 보고 있기도 힘들 지경이었다.

겨우 드럼통 하나를 공장에 내려놓고는 모두들 기진맥진했다. 찬바람이 부는 날씨인데도 이마에는 송골송골 땀방울이 맺혔다. 아저씨들 뒤를 이어서 드럼통을 메고 올라오는 아저씨들과 삼촌들이 보였다.

"우리도 이제 다 됐는가 보네."

태호 아저씨가 아래를 내려다보며 아쉽다는 표정으로 말을 했다.

"그래도 아직 쓸 만한데 뭘 그러나."

득희 아저씨가 걱정 말라는 듯이 어깨를 툭 치며 일어났다.

"자, 어서 가세."

태호 아저씨는 그래도 일이 있는 게 어딘가. 일이라도 할 수 있으니 다행이라는 생각이 들었다.

오르막 계단 옆으로 나 있는 고아원 안에서 저녁 식사 준비를 하는지 밥 짓는 냄새가 비릿하게 풍겼다. 그렇게 울어대던 까치도 어디 갔는지 보이지 않았다. 아저씨들 등에는 땀에 잔뜩 젖은 옷이 물걸레처럼 찰싹 달라붙어 있었다.

해가 지기 시작하면서 저녁 찬 바람이 불어 왔다. 아저씨들의 일은 아직도 끝나지 않았다. 아저씨들의 하루해가 그렇게 저물어 갔다.

만삭 滿朔

　복실이 아주머니는 아침부터 마음이 바빴다. 왜냐하면 오늘이 둘째 아이를 해산하는 날이기 때문이다. 시내에 있는 의사 선생님이 오늘이 해산날이라고 말씀하셨기 때문에 다른 날보다 더 긴장되고 신경이 쓰였다.

　아주머니는 배가 부른 몸으로 절간 뒤편에 있는 우물로 가서 물동이를 이고 물을 열 번 정도 길러서 나르고, 아이 배냇저고리며, 이것저것 해산할 준비를 하였다. 돈이 없어서 시내에 있는 산부인과에는 갈 형편이 못 되고 다른 아주머니들처럼 집에서 해산하기로 했다. 동네 할머니들에게는 미리 말씀을 드려 놓았었다. 동네에서 산파역할을 톡톡히 하시는 할머니, 아주머니들이 계셔서 한편으로는 마음이 편안했다. 아주머니는 그렇게 해산할 준비를 차근차근 해 놓았다.

　그러나 아직 다 준비한 것이 아니었다. 미역이며 쌀도 미리 사 놓아야 하는데, 아주머니는 서둘러 시장을 보러 가기로 했다. 혹시 시장을 보는 중에 해산 기미가 보이면 어떻게 하나 하는 생각도 들었지만, 지금으로 봐서는 그럴 것 같지 않았다.

집을 나서는데 동네 탁이 할머니와 마주쳤다.

"어디 가? 그 몸으로……?"

"예, 시장 좀 보고 올려구요."

"뭐? 시장? 그 몸으로."

"예, 아직 미역이랑 쌀이랑 좀 살 게 있어서요."

"아, 그거야 다른 집에서 좀 얻으면 되지, 뭘 그래?"

"아니에요, 금방 다녀올게요."

아주머니는 그렇게 말을 하면서 수줍은 모습으로 동네를 내려갔다.

"아이구, 괜찮을러나……?"

할머니는 동구 밖으로 걸어가는 복실이 아주머니를 눈에서 떼지 못한 채 서 있었다.

시장을 보는 중에도 아직 진통은 없었다. 다행이다 싶으면서도 혹시나 때를 넘기면 어떻게 하나 하는 생각도 들었다. 만삭의 몸으로 장을 보기가 싶지 않았지만, 미역과 쌀만 사기로 하고 시장에 내려왔지만 이미 머리에 인 장바구니에는 이것저것 장을 본 것이 많았다.

시장 어귀에서 잠시 쉬었다가 올라가기로 하고 시장바구니를 내려놓고 잠시 쉬고 있을 때였다. 아주머니가 앉아 있는 곳 바로 앞에, 대여섯 발 떨어진 곳에 리어카에서 사과를 팔고 있는 사과장수가 보였다. 아주머니는 사과를 생각하는 순간 자신도 모르게 입에서 시큼한 침이 올라왔다.

그때였다. 어떤 아가씨가 사과를 팔고 있는 리어카 앞으로 다가가는 모습이 보였다.

리어카에 다가간 아가씨는 한동안 사과를 이것저것 고르면서 꽤 살피는 눈치였다. 아가씨는 좋은 사과를 사기 위해서 그랬는지는 몰라도 이것저것 들었다 놨다 하면서 사과를 계속 골랐다. 그러자 한동안 가만히 그 모습을 지켜보고 있던 주인이 한마디 했다.

"손님, 사과를 그렇게 막 고르면 다른 사람은 어떻게 사갑니까? 사과 괜찮으니 그냥 사가세요."

그러나 아가씨는 그런 주인의 말에도 아랑곳 없이 계속해서 사과를 고르느라고 이것저것을 뒤집었다.

"아가씨, 그러지 마시라니깐요."

그러자 아가씨는 기분 나쁘다는 듯이 주인을 보면서 쏘아붙였다.

"아저씨, 제가 좋은 사과 고르겠다는데 뭐가 잘못됐어요. 제 맘 아니에요?"

"아니, 사과를 그렇게 고르면 사과가 뭉그러지고 안 좋아서 하는 말이에요."

"아, 됐어요. 기분 나빠 못 사겠네!"

아가씨는 소쿠리에 든 사과를 툭 놓더니 뒤돌아서 휑한 걸음으로 가버렸다.

"……."

"아니 내가 뭐 못 할 말 했어, 사과를 그렇게 고르면 다른 사람은 어떻게 사? 상한 것 누가 사가겠어? 응?"

아저씨는 저만치 가고 있는 아가씨를 보고 큰 소리로 말을 쏟았다.

"에이, 오늘 장사 망쳤네. 아니 그냥 보고 사가면 되지, 뭘 그렇게 골라……. 에이 재수 옴 붙었네."

아저씨는 이런 기분 나쁜 일이 있을까 하는 표정을 지으며 먼지떨이로 사과며 배며 과일 위에 붙은 먼지를 털어 내었다. 여간 마음 상하는 일이 아닌 것 같았다.

그리고 잠시 시간이 지났을 때였다.

"아저씨, 여기 사과 한 소쿠리 얼마예요?"

만삭의 몸을 한 복실이 아주머니가 사과 상자 앞에서 아저씨에게 사과 값을 물었다.

주인아저씨는 이미 앞에 여자 손님과 한바탕 난리를 치른 후라 혹시 또 어떤 일을 당할까 봐 잔뜩 긴장한 목소리로 대답했다.

"이천 원이오."

"그럼 두 소쿠리만 주세요."

"예."

주인아저씨는 눈에 보이는 대로 크고 좋아 보이는 사과들을 소쿠리에 담기 시작했다.

그때였다.

"아저씨, 거기 사과 중에서 썩은 것만 골라 담아 주세요."

"예……?"

"괜찮아요, 벌레 먹고 썩은 것만 골라 주세요."

그러자 아저씨는 전혀 그 말이 이해가 되지 않는 듯한 표정을 지으며 다시 물었다.

"아니, 벌레 먹은 것을 어디에 쓰려고요……?"

"쓸 데는 없어요…… 그냥…… 벌레 먹은 것은 칼로 도려내고 먹으면 되죠."

복실이 아주머니는 그러면서 아저씨를 보고 웃었다.

"허참, 아주머니도…… 아이고, 그러고 보니 애 낳을 때가 다 된 모양입니다."

"예……."

복실이 아주머니는 부끄러운 듯이 얼굴을 붉혔다.

"언제죠?"

"오늘이에요?"

"옛? 오늘요, 지금……?"

"예……."

주인아저씨는 놀란 표정을 지으며 다시 한 번 복실이 아줌마를 쳐다보았다.

"그럼, 그런 사과를 줄 수 없죠. 기다려 봐요. 내 좋은 사과 줄 테니까."

아저씨는 복실이 아주머니가 그렇게 하지 않으셔도 된다는 말에도 상관없이 좋은 사과를 고르기 시작했다. 아주머니는 괜히 그런 이야기를 한 것 같아 미안한 표정을 지으며 서 있었다.

"아주머니, 애기 잘 낳으세요. 건강하시구."

"예, 아저씨 고맙습니다. 많이 파세요."

복실이 아주머니는 고맙다는 인사를 하며 발걸음을 돌렸다.

"아주머니! 사과만큼 예쁘고 귀여운 아이 낳으세요."

복실이 아주머니는 장바구니를 머리에 인 채 뒤돌아보며 웃으면서 고맙다는 표정을 지었다.

집에 돌아와 보니 동네 할머니들이 기다리고 있었다.

"괜찮아?"

"예, 너무 걱정 마세요."

첫째 동석이는 옆집에서 놀다가 잠들었다고 했다. 밥상 위에는 어제 잔치 집에서 얻어 온 떡이 아직 그대로 놓여 있었다. 밥 대신에 동석이 먹으라고 놓아두었는데 먹지 않은 모양이었다. 복실이 아주머니는 해산할 걱정보다 동석이가 굶지 않을까 하는 걱정을 하고 있었다. 사람들이 아이를 많이 낳고는 생활 형편 때문에 가끔 자식이 원수라고 푸념을 하지만, 아주머니는 아이를 열이라도 낳고 싶다는 생각이 들었다.

조금씩 산통이 느껴졌다. 아주머니는 예쁜 사과 같은 아기를 낳을 것이다.

아름다움은 얼굴이 아니라 마음이라는 생각이 든다. 아주머니는 얼굴 모습만큼이나 마음이 아름다웠다. 사과 장수 아저씨는 그런 아주머니와 아기를 위해서 그렇게 빌고 빌었다.

마지막 봄

봄이 되자 사람들이 기지개를 켜기 시작했다. 겨울 내내 방 안에서만 움츠려 있던 얼굴들이 긴 겨울이 끝나자 밖으로 동네를 어슬렁거리며 돌아다녔다. 얼음이 풀리면서 냇가 빨래터도 다시 활기를 되찾았다. 아주머니들과 누나들의 이야기 소리가 들리고 왁자지껄 웃음소리가 봄이 왔음을 말해 주었다.

동네 아주머니들과 아이들은 제법 따뜻한 햇볕을 받으며 들로 나가서 나물도 캤다. 들에는 쑥이랑 냉이랑 달래가 파릇한 풀들 사이에 숨어서 싱싱함을 뽐내며 자랐다.

"아! 냄~새야~."

아이들이 코를 잡으면서 얼굴을 찡그리자 병태 할아버지가 빙그레 웃으셨다.

"이놈들아, 그기 다 봄이 왔다는 증거다."

"어떻게요……?"

아이들은 똥 냄새와 봄이 무슨 상관이 있느냐는 듯한 표정으로 할아버지를 쳐다보았다.

"아 이놈들아, 봄이 되었응께 밭에다 똥을 부어야 안 쓰것냐, 그래야 농사를 짓제."

"그럼, 봄이 똥이에요……?"

"그래, 똥이다 똥."

할아버지가 재미있다는 표정으로 웃자, 아이들은 그래도 내키지 않는지 연신 이상하다는 표정을 감추지 않았다.

절간 뒷마당에 참새가 많다는 것을 아는 아이들이 가만히 있을 리 없었다. 그런데 문제는 절에 있는 스님이었다. 예전에 개미를 잡아먹으며 놀다가 스님에게 혼난 적이 있는 아이들은 살아 있는 것은 무엇이든지 죽여서는 안 된다는 것을 배웠다. 스님은 개미고 지렁이고 함부로 죽여서는 안 된다고 말씀하셨다.

"그럼 스님 몰래 하면 되잖아, 안 들키게."

"어떻게 안 들킬 수 있어, 절 안인데?"

"망 잘 보면 되지."

"……."

결국에는 한 명이 망을 보고 있다가 스님이 나타나면 바로 신호를 하기로 하고 절 안에 있는 참새를 잡으러 나섰다. 집에서 대나무 소쿠리를 들고 좁쌀과 나무 작대기와 끈을 준비해서 절간 뒷마당 안으로 살금살금 들어갔다. 지난겨울에 삼촌들이 잡은 참새고기를 먹어본 아이들은 그 맛을 잊지 못했는지 벌써부터 참새고기를 생각하고 있었다.

절 뒷마당은 조용했다. 예상은 적중했다. 참새들은 나무에서 내려와 봄 햇살을 받으며 마당에서 통통 뛰며 놀고 있었다. 아이들이 다가가자 눈치를 채고는 포로로 나무 위를 올라가 버렸다. 그러나 아이들은 곧 참새들이 모이를 보면 내려올 것이라는 것을 알고 있기 때문에 괘념치 않았다. 아이들은 의미심장한 미소를 지으며 나무 위에서 놀고 있는 참새들을 쳐다보았다.

"빨리 해. 스님 오시기 전에"

"잠시만……."

절간 앞마당이 훤히 내려다보이는 곳에 숨어서 망을 보고 있던 홍식이가 빨리 하라는 입모양을 하며 아이들을 재촉했다.

잠시 뒤 아이들은 참새를 잡을 덫을 설치해 놓고는 멀찌감치 줄을 잡고 숨어 있었다.

"참새가 다 봤는데, 내려올까?"

"맞아, 전에 우리 삼촌이 참새를 잡을 때는 참새가 보면 안 된댔어."

"쉿! 그래도 기다려 봐……."

아이들은 참새를 잡는 것도 문제지만, 언제 스님이 나타나실지 몰라 불안해하며 연신 망을 보고 있는 홍식이를 쳐다보았다.

'망 좀 잘 봐.'

아이들은 홍식이를 쳐다보면서 조심하라는 시늉을 했다.

그러나 아무리 기다려도 참새는 나무 위에서 내려오지 않았다. 아무래도 참새가 덫을 놓은 것을 아는 듯했다. 배에서 꼬르륵 하는 소리가 났다.

"안 되는가 봐, 나중에 다시 와야 되겠어……."

아이들은 기다리기 지쳤는지 빈 소쿠리를 들고 나무 위에서 놀고 있는 참새들을 쳐다보았다.

"다음에 다시 오자, 그때는 참새 몰래."

"밤에 설치해 놓고 낮에 올까?"

"그러다가 스님이 아시면 어떻게 하려고."

"맞아."

아이들은 참새 잡기를 체념한 듯 보였다. 그리고 뒷마당을 막 벗어나려고 하는데, 갑자기 어디선가 스님의 목소리가 들렸다.

"이놈들!"

"……."

아이들은 눈을 동그랗게 뜨고 소리 나는 쪽을 쳐다보았다. 거기에는 정말 스님이 계셨다. 스님은 아이들이 도망가지 못하도록 손을 옆으로 크게 벌리고 한 명도 놓치지 않을 듯한 모습으로 아이들을 막고 계셨다.

"이놈들, 너희들 여기서 또 참새 잡고 있었지."

"아닌데요."

"아니긴 뭐가 아냐. 손에 들고 있는 거는 뭐냐?"

"……."

"이놈들 오늘 아주 혼이 나야겠다."

"스님, 한 번만 용서해 주세요. 다시는 안 그럴게요."

"내가 참새든 지렁이든 생명 있는 것은 잡으면 안 된다고 했지, 그런데 또 참새를 잡어?"

"……."

아이들은 현장에서 들켰으니 아무 말도 하지 못했다.

잠시 후 아이들은 절간 안마당에서 스님께 벌을 서고 있었다.

"이놈들아 더 크게 말하지 못하느냐?"

"참새!"

"짹짹!"

"참새!"

"짹짹!"

"더 크게 하거라."

"참새!"

"짹짹!"

"참새!"

"짹짹!"

절간 안마당에서 참새 소리와 짹짹하는 소리가 울려 퍼졌다. 나무 위에서 참새들이 짹짹거리며 구경을 했다.

나중에 알고 보니 스님은 그날 절간 뒷마당에서 참새들을 보고 있다가 그날따라 왠지 아이들이 참새를 잡으러 올 것 같다는 생각이 들었다고 했다. 우연인지 몰라도, 그래서 스님은 숨어서 아이들이 오기를 기다렸는데 그런 일이 일어났던 것이다.

"이놈들아, 참새를 잡으려고만 하지 말고, 참새에게 모이를 줄 생각을 해라."

"어떻게요?"

한바탕 참새소리와 짹짹 소리를 낸 아이들은 스님이 주신 과자를 먹으며 스님께 물었다.

"내가 어떻게 하는가 한번 보여 줄까?"

"예."

잠시 후 스님은 아이들 앞에서 손바닥에 모이를 얹어 놓고는 조용히 눈을 감은 채 서 계셨다. 아이들은 스님의 그런 모습을 보면서 침을 꿀꺽 삼켰다. 절간 마당에는 참새들이 짹짹거리는 소리밖에는 들리지 않았다. 아이들은 숨을 죽인 채 가만히 지켜보고 있었다.

그런데 잠시 후 놀라운 일이 벌어졌다. 스님의 손바닥 위로 나무 위에서 놀던 참새들이 살며시 날아와 손바닥에 놓인 모이를 부리로 쪼아 먹는 것이었다. 그동안에도 스님은 눈을 감은 채로 가만히 서 계셨다. 참새들은 아무 일도 없는 듯이 스님의 손바닥 위를 날아서 오르내렸다.

스님은 손바닥 위의 모이가 없는 것이 확인되자 그제야 눈을 뜨고 아이들을 쳐다보셨다.

"이제 알겠냐? 참새를 잡으려고만 생각하지 말고, 같이 데리고 놀 생각도 해야 하는 거다."

"……."

아이들은 눈앞에서 일어난 일이 신기한 듯했다. 아이들은 스님처럼 손바닥에 모이를 놓고 참새를 기다렸지만 오래 기다리지 못해 포기하고 말았다. 스님은 오랜 시간 참새들을 기다리면서 해야 한다는 것을 말씀해 주셨다.

절간 문을 나오는데 인왕이 큰 눈을 부릅뜨고 아이들을 내려다 봤다. 아이들은 두근거리는 마음으로 천천히 그 앞을 지나자마자 걸음아 날 살려라 하고 동네로 뛰어갔다. 뒤에서 인왕이 잡으러 올 것처럼 느껴졌다.

앞에서 똥장군을 지고 오는 남철이 아버지가 보였다.

"아저씨 안녕하세요."

"오냐, 어디 갔다 오느냐?"

"절에요!"

"절에? 거긴 뭐 하러……."

아이들은 휑하니 아저씨 앞을 지나서 동네로 뛰어갔다.

똥냄새가 나도 좋았다. 아이들은 동네로 들어오자 안도감을 느꼈다. 저녁 먹으라고 아이들을 부르는 소리가 여기저기 들렸다.

사람들에게 안식처가 필요하다. 장소가 안식처가 될 수도 있고, 사람이 안식처가 될 수도 있다. 만나고 싶은 사람, 만나면 기분 좋은 사람, 편안케 해주는 사람이 있다는 것이 얼마나 좋은지 모른다.

'피정의 장소'까지는 아니더라도, 그런 마음을 가지고 산다면 나무 위에서 지저귀는 참새들까지도 우리를 찾을 것 같다. 그 봄날에 스님은 잡으려고 하는 우리에게 함께 사는 법을 가르쳐 주셨다.

이주移駐, 다시 먼 곳으로

이른 아침부터 이슬비가 내렸다. 산에서부터 내려온 안개는 온 동네를 자욱하게 덮어버리고, 웃천막은 깊은 정적에 휩싸인 채 멀리서 '딱딱딱딱' 하고 딱따구리가 나무를 쪼는 소리만이 정적을 깨었다.

집집마다 인기척이 없이 모두들 조용했다. 평소 같으면 일찍 일어난 동네 아이들이 바깥에 나와서 돌아다니고, 어른들도 간간이 볼 수 있었지만, 그러나 그날은 아무도 보이지 않았다.

웃천막 사람들에게 이주 소식이 전해진 것은 두어 달 전이었다. 시에서 나왔다는 사람들과 동사무소 직원들이 동네로 올라와서 동네 사람들을 모아 놓고 이야기를 했다.

"여러분! 지금 여러분들이 사는 동네가 이제 곧 철거됩니다……. 아, 그렇다고 당장에 그렇게 한다는 것은 아닙니다. 한 두어 달 미리 집을 비울 시간을 드리겠습니다. 참고로 시에서는 여러분들을 위해서 B 동네에 여러분들이 지낼 수 있는 땅을 준비했습니다. 넉넉하게 준비했으니 그냥 가서 사시기만 하면 됩니다."

"B라는 동네가 어디에 있는데요?"

"B는…… 저기……?"

"에이, 그 쪽도 어디 있는지 모르는가 보네."

사람들의 야유가 쏟아졌다.

"아니, 어디 있는지도 모르면서 우리에게 가라니. 그게 무슨 말이오?"

"가서 뭘 해 먹고 사는지, 물은 나오는지, 화장실은 있는지 그런 것쯤은 알려줘야제. 안 그렇소?"

동네 사람들은 B 동네가 어디에 있는지도 모르는 그 사람을 보면서 믿을 수 없다는 표정이었다.

웃천막이 어떻게 해서 세워졌는가. 웃천막이 세워질 때부터 살았던 사람들은 그 일들을 생생하게 기억하고 있었다. 사람들은 천막생활부터 시작해서, 나중에는 손으로 직접 보루크(block, 블록) 찍어서 집을 지었다. 웃천막 사람들에게 웃천막은 고향과 다를 바 없었다. 비록 판잣집이고 천막집이지만 다른 사람들 눈치 안 보고 살았다. 비록 아침이면 공중변소 앞에서 길게 줄을 서고, 산 위 꼭대기에 집이 있지만 그런 것 외에는 전혀 불편함이 없었다.

"아버지, 우리 이사 가야 돼요?"

"응…….."

"안 가면 안 돼요?"

"안 돼, 가라면 가야지…….."

아버지는 체념한 듯 더 이상 말씀도 하지 않으셨다.

아이나 어른이나 모두 웃천막을 떠나고 싶지 않았다. 그러나 떠나야만 한다는 것을 알고 있었다. 언젠가는 떠나게 될 것이라고 생각했지만 이렇게 빨리 시간이 돌아올 줄 몰랐다. 설마 했는데, 자고 나니 사실이었다. 며칠 전부터 이미 짐은 다 싸 놓은 상태였다.(짐이라고 해봤자 이부자리와 옷가지 몇 개, 그리고 밥그릇과 숟가락 몇 개가 전부였다.) 언제든지 이야기만 하면 떠날 준비가 되어 있었다. 마루 밑에 누워 있는 황구도 그런 사정을 아는지 눈만 끔뻑이며 우리를 쳐다보았다.

이미 동네에 있는 몇몇 집들은 비어 있었다. 사람들은 며칠 전부터 웃천막을 떠나기 시작했다. 사정은 아래 천막도 마찬가지였다. 개중에 형편이 나은 사람은 아래 천막 부근의 땅을 돈을 주고 불하받아 집을 짓고 살 수 있게 되었다. 그러나 대부분의 사람들은 떠날 수밖에 없었다.

아래 동네에서 '산복도로'를 낸다고 불도저가 '크르렁' 소리를 내며 바위를 캐는 둔탁한 소리가 들려왔다. 산등성이를 가로 질러 뱀꼬리처럼 길게 길이 난 것이 보였다. 길은 어느새 바로 앞에까지 나 있었다. 큰 트럭들은 연신 어디론가 흙을 퍼 날랐다. 불도저는 마치 점령군처럼 파죽지세로 집들을 밀어내고 있었다. 한 번 큰 삽을 움직일 때마다 지붕이 무너지고, 또 한 번 삽을 내리치자 담이 맥없이 주저앉았다.

사람들은 말없이 나뉘고 있었다. 아래 동네로 내려가 살게 된 사람들은 멀리 떠나는 사람들이 다행으로 여길까 봐 아무 말도 못 했다. 웃천막을 떠나서 그곳에서 어떤 고생을 할지 아무도 모르기 때문이었다.

그렇게 시간이 지났다. 한 달이 지나고, 두 달이 지난 어느 날 웃천막 사람들의 이주가 시작되었다. 사람들은 옷 보따리며 살림살이를 챙겨 들고 산 아래로 발걸음을 옮겼다. 마치 그 모습은 옛적에 웃천막으로 올라올 때의 그 모습과 같았다. 그때 웃천막은 생경했지만, 지금 떠나는 그들에게 웃천막은 퍽이나 정들었던 동네였다.

할머니들과 아주머니들은 눈물을 감추지 못했다. 옷깃으로 눈물을 찍어냈지만 결국 울음을 터뜨리고야 말았다. 아저씨들도 울었다. 아이들도 울었다. 태어나서 그렇게 울어 본 적이 없을 정도로 사람들은 울고 또 울었다.

아래 천막 밑에는 군용트럭이 줄을 지어서 사람들을 기다리고 있었다. 사람들은 트럭 적재함 뒤에 말없이 올려 태워졌다. 아래 동네에서 살 사람들이 트럭 옆에서 그들을 배웅하고 있었다.

"또 봐."

"그려, 잘 지내, 언제 기회 되면 또 만나세."

"응, 그동안 건강하고."

보내는 사람이나 떠나는 사람이나 가슴 아픈 것은 똑같았다. 이제 이렇게 헤어지면 언제 또다시 만날지 기약 없는 이별이었다.

"부르릉~."

세찬 엔진 소리가 이제 떠나야 함을 알리는 듯했다. 그리고 차가 움직이기 시작했다. 사람들은 고개를 들고 다시 한 번 웃천막을 올려다봤지만 웃천막의 모습은 볼 수가 없었다. 차는 구불구불한 길을 달려 내려갔다. 사람들은 차가운 차 바닥에 주저앉아 트럭이 덜컹거리는 대로 몸을 맡기고 있었다. 그 모습은 그동안 그들이 살아왔던 방식이었다. 차는 그렇게 오랫동안 바람을 가르며 길을 달렸다. 멀리 다시 황량한 벌판이 그들의 눈에 들어왔다. 사람들의 입에서 작은 신음 소리가 들렸다. 눈을 뜨지도 못할 황량한 먼지바람이 불어 왔다.

사람들이 모두 떠난 웃천막에도 바람이 불었다. 금방이라도 사람들이 나올 것처럼 웃천막은 그대로 서 있었다. 땅거미가 웃천막 위로 점점 드리워져 갔다. 푸드덕 하며 이름 모를 산새가 높이 하늘로 날아 갔다.

웃천막 사람들은 그렇게 웃천막을 떠났다. 그 사람들은 도착한 그곳에서 다시 천막생활을 시작해야만 했다. 웃천막만큼이나 힘들었던 생활 말이다. 그 사람들은 그렇게 살았다. 우리의 할아버지와 할머니, 아버지와 어머니, 삼촌, 아저씨, 그리고 아이들……